ARDOUIN 1969

LES
TONNES D'OR

PAR

LE VICOMTE PONSON DU TERRAIL

auteur de

La Tour des Gerfauts, les Cavaliers de la Nuit, etc., etc.

IV

PARIS

L. DE POTTER, LIBRAIRE-ÉDITEUR

RUE SAINT-JACQUES, 38.

LES
TONNES D'OR.

SUITE DES NOUVEAUTÉS EN LECTURE
DANS TOUS LES CABINETS LITTÉRAIRES

L'Usurier sentimental, par G. DE LA LANDELLE. 3 vol. in-8.
L'Amour à la Campagne, par MAXIMILIEN PERRIN. 3 vol. in-8.
La Mare d'Auteuil, par CH. PAUL DE KOCK. 10 vol. in-8.
Les Boucaniers, par PAUL DUPLESSIS. 3 vol. in-8.
La Place Royale, par madame la comtesse DASH. 3 vol. in-8.
La marquise de Norville, par ÉLIE BERTHET. 3 vol. in-8.
Mademoiselle Lucifer, par XAVIER DE MONTÉPIN. 3 vol. in-8.
Les Orphelins, par madame la comtesse DASH. 3 vol. in-8.
La Princesse Pallianci, par le baron de BAZANCOURT. 5 vol. in-8.
Les Folies de jeunesse, par MAXIMILIEN PERRIN. 3 vol. in-8.
Livia, par PAUL DE MUSSET. 3 vol. in-8.
Bébé, ou le Nain du roi de Pologne, par ROGER DE BEAUVOIR. 3 vol. in-8.
Blanche de Bourgogne, par Madame DUPIN, auteur de *Cynodie, Marguerite*, etc. 2 vol. in-8.
L'heure du Berger, par EMMANUEL GONZALÈS. 2 vol. in-8.
La Fille du Gondolier, par MAXIMILIEN PERRIN. 2 vol. in-8.
Minette, par HENRY DE KOCK. 3 vol. in-8.
Quatorze de dames, par Madame la comtesse DASH. 3 vol. in-8.
L'Auberge du Soleil d'or, par XAVIER DE MONTÉPIN. 4 vol. in-8.
Débora, par MÉRY. 3 vol. in-8.
Les Coureurs d'aventures, par G. DE LA LANDELLE. 3 vol. in-8.
Le Maître inconnu, par PAUL DE MUSSET. 3 vol. in-8.
L'Épée du Commandeur, par XAVIER DE MONTÉPIN. 3 vol. in-8.
La Nuit des Vengeurs, par le marquis de FOUDRAS. 5 vol. in-8.
La Reine de Saba, par XAVIER DE MONTÉPIN. 3 vol. in-8.
La Juive au Vatican, par MÉRY. 3 vol. in-8.
Le Sceptre de Roseau, par ÉMILE SOUVESTRE. 3 vol. in-8.
Jean le Trouveur, par PAUL DE MUSSET. 3 vol. in-8.
Les Femmes honnêtes, par HENRY DE KOCK. 3 vol. in-8.
Les Parents riches, par madame la comtesse DASH. 3 vol. in-8.
Cerisette, par CH. PAUL DE KOCK. 6 vol. in-8.
Diane de Lys, par ALEXANDRE DUMAS fils. 3 vol. in-8.
Une Gaillarde, par CH. PAUL DE KOCK. 6 volumes in-8.
George le Montagnard, par le baron de BAZANCOURT. 5 vol. in-8.
Le Vengeur du mari, par EM. GONZALÈS. 3 vol. in-8.
Clémence, par madame la comtesse DASH. 3 vol. in-8.
Brin d'Amour, par HENRY DE KOCK. 3 vol. in-8.
La Belle de Nuit, par MAXIMILIEN PERRIN. 2 vol. in-8.
Jeanne Michu, *la bien-aimée du Sacré-Cœur*, par madame la comtesse DASH. 4 vol. in-8.

Imprimerie de GUSTAVE GRATIOT, 30, rue Mazarine.

LES
TONNES D'OR

PAR

LE VICOMTE PONSON DU TERRAIL

auteur de

La Tour des Gerfauts, les Cavaliers de la Nuit, etc., etc.

IV

Avis. — Vu les traités internationaux relatifs à la propriété littéraire, on ne peut réimprimer ni traduire cet ouvrage à l'étranger, sans l'autorisation de l'auteur et de l'éditeur du roman.

PARIS
L. DE POTTER, LIBRAIRE-ÉDITEUR
RUE SAINT-JACQUES, 38.

CHAPITRE VINGT-UNIÈME

XXI

—

Nous avons laissé la duchesse en compagnie du marquis, assise sur un siége improvisé par ce dernier à l'aide d'un monceau de fougère et de son manteau. La grotte était spacieuse, l'ouverture en était large, et, par une chaude et belle journée c'était une charmante retraite, un pied à terre où les chasseurs pouvaient faire une sieste de deux ou trois heures et attendre les premiers souffles du vent du soir dans les sapins.

L'orifice, quoique masqué en apparence par les arbres, ouvrait cependant sur une échappée de vue qui permettait d'embrasser dans son ensemble ce sauvage vallon que creusait le torrent et où le cheval du marquis, attaché à un arbre, ruisselait et grelotait. Le sentier qui montait vers la grotte se bifurquait à mi-chemin, et conduisait sur une petite plate-forme de rochers surgissant du flanc de la montagne et merveilleusement placée pour servir de poste d'observation au chasseur qui dédaignerait de courre à cheval, et se contenterait de lancer un lièvre ou un chevreuil avec deux chiens courants, et les braconniers de la contrée s'y plaçaient d'ordinaire pour semblable besogne.

Ces rochers taillés à pic du côté du vallon étaient assez élevés pour que la chute en fût inévitablement mortelle; on n'y arrivait que par le sentier de la grotte, et il était impossible de s'en éloigner par une autre voie. Qu'on nous pardonne ces détails insignifiants en apparence, mais, en réalité, nécessaires pour l'intelligence de la suite de notre récit.

Le marquis, après avoir examiné le ciel d'une effrayante uniformité et le rideau de pluie qui déjà, tant il était intense, masquait le fond de la vallée, revint à la duchesse, et lui dit en souriant :

— Nous voici prisonniers pour deux heures, duchesse.

— Deux heures !

— Le temps est pris entièrement.

— Mais nous allons mourir de faim et de soif.

— Pardon ; n'ai-je point ma carnassière, et dans ma carnassière le perdreau froid et le morceau de venaison qui composent la halte de tout chasseur ?

Puis le marquis montra sa gourde.

— Et voilà, dit-il, le plus merveilleux des vins, un crû de la Basse-Bourgogne qui vaut du lacryma-christi.

— C'est à merveille, fit la duchesse en riant ; mais qu'allons-nous faire ?

— D'abord, arroser mon perdreau avec le vin de ma gourde.

Le marquis tira, à ces mots, ses provisions de sa gibecière, qu'il retourna pour faire à la fois une table et une nappe, versa dans une moitié de coco quelques gouttes du vin dont il venait de faire un si pompeux éloge et l'offrit à la duchesse en disant :

— Je vous vois frissonner, madame ; voici pour vous réchauffer.

La duchesse but en souriant.

— Mais qu'allons-nous faire pendant

ces deux grandes heures? dit-elle en soupirant.

— Ne vous ai-je pas dit tantôt que les jours de pluie étaient faits pour narrer des contes?

— C'est juste.

— Eh bien! vous nous direz l'histoire de votre mariage avec le duc de Valseranges.

— Mais cela ne m'amusera point, moi, poursuivit la duchesse d'un ton boudeur.

— Nous supposerons que votre histoire

est un roman, et comme je suis un peu poète, j'y ajouterai des épisodes.

— Oh! la drôle d'idée!

— Et en attendant, duchesse, entamons notre repas de veneurs.

— Je n'ai pas faim, murmura madame de Valseranges en croquant une aile de perdreau du bout des dents, mais j'ai froid...

Et elle s'empara du manteau dont le marquis lui avait fait un coussin, et, se souciant peu de s'asseoir sur l'herbe sèche et d'y salir son amazone, elle s'en couvrit et s'y drapa.

— Vous êtes charmante ainsi, dit le marquis.

Elle le regarda : il attachait sur elle un œil où brillait une admiration mélangée de convoitise.

— Vous ne tenez donc plus à mon histoire? se hâta-t-elle de lui dire.

— Oh! nous avons le temps... Vous ne pouvez vous figurer comme ces plis bruns du manteau font ressortir votre blanc visage et vos bras d'albâtre...

— Figurez-vous, marquis, commença la duchesse, figurez-vous que j'étais veuve...

— Oh! duchesse, passez-moi donc une fantaisie, une seule, pria le marquis.

— Que voulez-vous encore, et que puis-je faire de plus? J'ai bu dans votre gobelet, il le fallait bien, nous n'en avions qu'un; je vous ai servi avec mes doigts la moitié de votre perdreau; vous avez exigé mon histoire, je me prends à vous la conter, et je ne vois réellement pas ce que je puis faire pour vous après de tels sacrifices!

— Duchesse, je suis Italien, donc je suis peintre ; tous les Italiens sont peintres, les uns avec du talent, les autres avec le désir d'en avoir. Or, j'ai une fantaisie de peintre : je voudrais voir quel ton acquerraient les boucles blondes de vos cheveux en ruisselant sur les plis du manteau.

— La fantaisie est inopportune...

— Ah ! duchesse, peut-on refuser à un artiste...

— Ne me disiez-vous pas que tous les Italiens sont peintres ?

— Oui, madame.

— Eh bien! admettez que je fasse un voyage en Italie : je serais donc obligée de nouer et dénouer mes cheveux à chaque pas? Laissez-moi donc reprendre mon histoire, elle vous intéressera plus que mes cheveux... Je vous disais, je crois, qu'alors j'étais veuve et âgée de vingt-deux ans... Ah! il y a déjà...

La duchesse s'arrêta et soupira.

Le marquis, en don Juan consommé, profita du soupir pour prendre une des mains de la duchesse et la porter à ses lèvres en lui disant:

— Vous êtes belle à damner les anges, duchesse.

Elle retira sa main et répondit avec raillerie :

— Suis-je aussi belle que la contesina ?

— Quelle folie !

— Plus ou moins; voyons, répondez?

— Plus.

La duchesse laissa échapper un éclat de rire.

— Marquis, dit-elle, vous êtes un lâche :

vous trahissez votre amour au profit d'un caprice.

— Que voulez-vous dire, madame ?

— Que vous abusez un peu de la situation : vous trouvant seul avec moi, par un temps d'orage, dans une grotte...

— Ah ! duchesse...

— Et que, fidèle aux principes de philosophie épicurienne que vous émettiez hier, et à l'aide desquels vous essayez parfois d'oublier la comtesse Barbieri...

Le marquis se prit à rire.

— Bah! dit-il, laissons là cette pauvre contesina : elle se soucie peu de nous.

— C'est naturel, elle est morte.

— Non pas, elle se porte à merveille...

La duchesse se leva stupéfaite.

— Quoi! que dites-vous? s'écria madame de Valseranges devenant pâle et jalouse soudain.

— Je dis, ma belle duchesse, soupira le marquis, que la contesina habite Naples et que je l'ai vue encore il y a six mois.

— Mais vous étiez donc fou, hier?

— Non, je vous faisais un conte.

— Un conte!

— A dormir debout, duchesse, et, de fait, vous dormiez. Je parie que vous n'avez point entendu mon dénoûment...

— Comment! s'écria la duchesse, la comtesse n'est pas morte! elle ne s'est donc pas poignardée dans la chapelle?

— Quelle chapelle?

— De votre palais, à la messe de mariage...

— Je ne me souvenais pas vous avoir parlé de chapelle, répondit gravement le marquis; je croyais avoir fait dire la messe dans une salle basse... Que voulez-vous? Quand on improvise...

— Mais tout ce que vous me dites là est affreux, monsieur, vous m'avez mystifiée!

— Du tout, madame, j'ai voulu trouver un pendant convenable à l'histoire de notre hôte. Et puis, ajouta-t-il en souriant, je savais que vous aimiez le merveilleux...

— Vous n'aimiez donc pas la comtesse ?

— Mais non.

— Le jureriez-vous ?

— Sur les cornes du diable !

— Mais alors, monsieur, murmura la duchesse avec dépit, vous n'avez pas été lazzarone ?

— Nullement,

— Et vous n'êtes pas...

— Le cousin du roi de Naples ? En aucune façon.

La duchesse allongea dédaigneusement la lèvre inférieure d'un air qui signifiait : « Peuh ! le héros s'efface, il me semble. »

Puis elle dit tout haut :

— Croyez donc aux grandes passions chez les hommes...

— Il y en a, dit gravement le marquis.

— Allez-vous me faire un nouveau conte ?

— Je pourrais vous dire une histoire

vraie, si vous y teniez, duchesse, et qui vous intéresserait fort, je vous jure...

— C'est possible; j'aime les romans.

— Même ceux qui se dénouent dans une grotte...

— Oh! marquis, dit la duchesse avec un sourire glacé, je vous prie de croire que de semblables dénoûments sont très rares.

— Oui et non; cela arrive.

Une vague inquiétude passa dans l'esprit de madame de Valseranges, et elle regarda le marquis.

Le marquis était assis nonchalamment dans un coin de la grotte, la tête appuyée aux parois; un rayon de lumière tombait d'aplomb sur son visage et faisait ressortir ses cheveux d'un blond ardent sur ses vêtements de couleur sombre. Il était calme et froid en apparence, mais son œil brillait d'une lueur inaccoutumée, et comme Blümmen s'était demandé à la vue du baron : « Où donc ai-je rencontré cet homme ? » la duchesse se demanda : « N'ai-je point déjà vu ce bizarre personnage en quelque circonstance solennelle ou terrible ! »

— Tenez, continua le marquis, il est une femme que j'ai aimée avec passion et délire...

— Comme la contesina ! interrompit la duchesse, dont l'inquiétude croissait et qui voulait se donner le change à elle-même.

— Oh ! non, dit le marquis; celle-là, je l'ai aimée avec furie, comme un bandit aime la femme du sbire qui le traque et le conduira tôt ou tard à la potence.

La duchesse tressaillit et regarda de nouveau son cavalier. Les traits de son visage avaient acquis une expression de dureté étrange ; elle eut peur.

— Je dois vous dire, poursuivit froidement celui-ci, je dois vous dire que je rencontrai cette femme une nuit d'orage...

La duchesse, haletante, écoutait.

— J'étais un bandit des Apennins ou des Abruzzes, peu importe !

— Nouveau conte, murmura la duchesse que l'effroi gagnait.

— Oh! vous allez voir, madame, répondit le marquis dont la voix acquérait un timbre railleur. Mes compagnons, après l'avoir dépouillée, la voulaient étrangler.

— Horreur fit la duchesse troublée de plus en plus.

— Il tonnait comme aujourd'hui ; les éclairs jetaient de splendides lueurs ; je la vois encore se traîner à genoux et demander grâce. Elle était belle, madame, oh! belle comme vous; je me pris à l'aimer avec furie, et, en étendant ma carabine sur sa tête, je m'écriai : « Cette femme est à moi, je la veux! »

— Et, demanda la duchesse pâle d'effroi, qu'arriva-t-il ?

— Il arriva, répondit froidement le marquis, il arriva que j'avais un frère, un frère plus fort, plus hardi, qui nous dominait tous et qui me l'enleva...

La duchesse poussa un cri.

—Oh! je n'ai point fini encore, madame, reprit le marquis ; une nuit, je pénétrai dans la chambre de cette femme, je la pris dans mes bras, je l'emportai demi-nue, la jetai sur la croupe d'un cheval et m'enfuis avec elle... Il y avait un fleuve à passer, nous le passâmes ; sur l'autre rive, comme on nous poursuivait...

La duchesse attachait un œil ardent sur le marquis.

— Mon Dieu ! s'écria-t-elle, qui donc êtes-vous ?

— Et, continua le marquis, sans daigner lui répondre, je l'emportai au fond d'une grotte...

La duchesse se précipita vers le marquis à ces mots, lui saisit les mains, le regarda fixement et s'écria :

— Qui donc êtes-vous ? mais répondez donc !

— Parbleu ! répondit le marquis en riant, ce sont mes cheveux qui vous abusent, chère petite marquise, comme disait l'oncle Samuel.

— Wilhem ! exclama la duchesse éperdue.

— Je les ai fait teindre, acheva Wilhem froidement, — car c'était lui.

Puis il envisagea la duchesse, à son tour, fixement, l'enveloppant de son regard où la convoitise parlait, et il lui dit :

— Vous savez comment finit cette déplorable histoire de la grotte, madame, et c'était tout simple : Michaël était là...

— Michaël! s'écria la duchesse, comme si elle eût, une fois encore, invoqué ce nom comme une égide.

— Bah! dit Wilhem en riant, il est loin, Michaël, fort loin, madame, et d'ailleurs il est trop occupé de la Louve...

— La Louve !

— La comtesse, si vous le préférez : ils

sont en Ecosse, et ils ne viendront point nous distraire. Tenez, je crois que cette grotte est pareille à l'autre.

— Au secours! murmura la marquise défaillante en se réfugiant au fond de la grotte.

— Bon! ricana Wilhem, allez-vous maintenant appeler le baron? Le baron a autre chose à faire, vraiment : il s'occupe de notre cousine Blümmen, et, de par les cornes du diable! comme disait l'oncle Samuel, il a assez attendu, ce pauvre Conradin...

— Conradin! fit la duchesse affolée, oh! je suis perdue...

— Mais non, puisque je vous aime, répondit Wilhem en l'enlaçant dans ses bras et lui imprimant un baiser sur le front.

Mais soudain Wilhem poussa un cri, pâlit, distendit ses bras, et la duchesse, qui avait retrouvé son énergique sang-froid, s'échappa de ses mains, glissa comme un fantôme et s'enfuit de la caverne.

Elle avait arraché du fourreau le couteau de chasse que Wilhem portait à sa ceinture et l'en avait frappé hardiment,

La première douleur causée par le froid du fer avait fait pousser ce cri au blessé et occasionné cette minute de faiblesse et de pâleur; mais la duchesse avait frappé d'un bras mal assuré, et le couteau, glissant sur le côté droit, avait déchiré les chairs au lieu de pénétrer profondément.

Wilhem poussa un nouveau cri, un cri de rage; il sauta sur sa carabine et s'élança à la poursuite de la duchesse.

Celle-ci, se trompant de sentier, folle encore de la scène qui venait d'avoir lieu, se dirigea en courant vers les rochers...

Et ce fut un spectacle étrange et poignant, digne d'un pinceau de maître, que cette femme courant éperdue, les vêtements en désordre, au milieu de l'orage, sur une plate-forme de rochers, au bord d'un précipice, pour éviter la poursuite d'un homme furieux accourant sur elle un fusil à la main...

Quand il ne fut plus qu'à vingt pas, Wilhem, reconnaissant alors qu'il était impossible à la duchesse d'aller plus loin et de lui échapper, jeta son arme et lui cria en ricanant :

— Ah ! duchesse, il vous faudra bien des baisers pour effacer la trace de mon sang qui coule !

Et il avança encore.

La duchesse, hors d'elle-même, se jeta à genoux, adressant au ciel la plus éloquente des prières, et prête à se précipiter en bas des rochers pour échapper à l'infamie... Mais tout à coup ses yeux furent éblouis, il lui sembla qu'une gerbe de feu enveloppait Wilhem, elle le vit se débattre et chanceler, et tout aussitôt le tonnerre retentit avec fracas au-dessus de leurs têtes, et Wilhem tomba mort.

Il avait été foudroyé.

CHAPITRE VINGT-DEUXIÈME

XXII

—

C'était un effrayant et splendide coup d'œil que celui qu'offraient en ce moment le lac et ses alentours. La nuit tombait, l'orage était terrible, la cime des montagnes voisines disparaissait dans les nuages amoncelés, et, sur le lac soulevé par le vent et dont les vagues écumaient et clapotaient comme celles de la mer, le canot chargé de toile se balançait insoucieux, incliné sur sa quille, rasant l'eau de sa misaine comme un goëland mouille son aile en effleurant la surface de l'Océan.

Et dans le canot, dans cette embarcation chétive qu'un coup de vent pouvait renverser, il y avait une femme éperdue et folle, qui ne savait plus ce qu'elle devait redouter le moins de la colère des éléments ou de la férocité de l'homme dont elle allait être la proie, et cet homme ricanait et souriait ; cet homme disait à Blümmen :

— Nous avons le temps de refaire connaissance, madame, et je ne suis pas un brutal et un mal-appris ; laissez-moi donc vous parler un peu de mon amour.

Elle cachait, ivre d'effroi, sa tête dans ses mains, et essayait de ne point écouter cette voix railleuse et menaçante à la fois, cet accent méphistophélique qu'elle avait entendu déjà pendant cette terrible nuit où Conradin l'emporta sur son cheval à travers champs jusqu'à la rive du Danube.

— Si tu savais, ma pauvre Blümmen, reprit-il, si tu savais combien il faut aimer une femme pour faire ce que j'ai fait...

Les dents de Blümmen claquaient.

— Croirais-tu que j'ai voulu devenir un gentilhomme accompli comme ton chevalier, un gentilhomme aimable, un beau danseur, un homme instruit ? le croirais-tu ?

Blümmen se taisait.

— Et tu vois, poursuivit Conradin, que cela me réussit peu, car tu ne me réponds pas, et j'ai l'air de te faire horreur.

— J'ai peur... murmura Blümmen.

— Est-ce de l'orage ? Allons donc ! fit Conradin en riant, cette barque m'obéit et nous ne chavirerons point en plein lac. Êtes-vous bien, madame, abritée sous la voile ! Tenez, prenez encore mon manteau.

Et Conradin étendit son manteau sur Blümmen, qui laissa échapper un geste d'effroi et de répulsion.

— Tiens, Blümmen reprit-il, toi qui es une fille de notre brumeuse Allemagne et qui comprends la poésie, ne trouves-tu pas qu'il est beau de se donner le premier baiser d'amour à la lueur d'un éclair, sur un lac que la tempête soulève, en face d'un paysage morne et désolé ?

Et Conradin s'approcha de madame de Morangis et lui prit la main.

— Oh ! je t'aimais bien, continua-t-il, je t'aimais, ma Blümmen, et j'aurais volé le fisc et la gabelle, et jusqu'au sceptre d'or de l'empereur, pour te donner un palais et des rubis.

Blümmen se débattit et le repoussa.

— Vous me faites horreur ! murmura-t-elle d'une voix étouffée.

— Pourquoi ? tu m'aimais hier...

Et il baisa ses deux mains.

— Je vous hais, fit-elle avec désespoir.

— Et moi, je t'aime !...

— Oh !

— Tiens, j'abandonne la barre; notre barque ira où bon lui semblera, peu m'importe! Ce qu'il me faut c'est un baiser. L'orage seul en sera témoin.

Blümmen poussa un cri et se leva toute debout.

— N'approchez pas! dit-elle, n'approchez pas ou je me jette à l'eau.

— Bah! répondit Conradin avec un calme féroce, je te sauverai si cela arrive; je suis bon nageur.

Et il voulut entourer de ses bras la taille de la jeune femme. Alors Blümmen perdit la tête, et, se dégageant brusquement, elle se précipita dans le lac en murmurant :

— Oh ! j'aime mieux mourir !

Ses vêtements, en dépit de ses efforts la soutinrent sur l'eau.

Conradin s'y précipita à son tour, nagea vigoureusement à elle, la prit d'un bras robuste et lui dit :

— Folle que tu es ! crois-tu que je te laisserais mourir !

Et il se retourna pour regagner la barque ; mais, hélas ! la barque filait, emportée par le vent, et, si bon nageur qu'il puisse être, un homme ne pourra jamais rejoindre un canot.

— Malédiction! murmura-t-il, la barque m'échappe; il faut aller à terre, et la terre est loin.

— Je veux mourir, répétait Blümmen en se débattant.

Le bras de fer de Conradin l'enlaçait, et il nageait toujours; mais les efforts qu'elle faisait pour lui échapper paralysaient en partie ses mouvements, et la terre était loin...

— Nous ne pouvons cependant mourir

ici, murmura-t-il avec rage ; laisse-toi traîner, Blümmen ; ne te cramponne donc point ainsi à mon cou.

— Je veux mourir, répéta-t-elle.

— Et moi, je ne veux pas ! fit-il d'une voix étouffée par la colère.

— Tu mourras avec moi, exclama Blümmen.

Et elle lui serra le cou de toutes ses forces.

— Folle ! folle ! hurlait Conradin luttant contre le flot avec une vigueur herculéenne.

La terre est loin toujours !...

— Ah ! disait Blümmen que le désespoir de la mort rendait furieuse à son tour. Ah ! tu ne veux pas mourir, Conradin... Ah ! ah ! ah !

La folie la gagnait insensiblement ; Conradin jurait et luttait avec furie.

La terre n'approchait pas.

— Je ne veux pas mourir, cependant, murmurait-il, je veux te posséder, ne fût-ce qu'une heure, pour me venger, moi qui ai attendu la vengeance dix ans !...

— Eh bien ! dit Blümmen ricanant à son tour, de quoi te plains-tu ! nous allons...

Elle n'acheva pas. Conradin, épuisé, avait disparu une minute sous le flot, l'entraînant avec lui ; mais il était vigoureux, et il voulait disputer sa vie jusqu'à la dernière étincelle, il reparut bientôt, tenant toujours Blümmen.

— Oh ! la terre, hurla-t-il, comme la terre est loin ! Blümmen, par grâce ! par pitié ! ne me serre donc pas ainsi, je ne puis plus... je ne puis plus nager...

— C'est inutile, murmura Blümmen mourante.

Elle lâcha prise et disparut sous le flot.

Conradin poussa une exclamation de rage, il plongea, la chercha, reparut seul, plongea encore...

La nuit était sombre, la terre loin toujours...

A la lueur d'un éclair, Conradin aperçut la barque poussée vers lui par un coup de vent; l'instinct de la conservation l'emporta enfin, il abandonna Blummen, dont le cadavre était roulé au loin par le flot, et se dirigea vers la barque.

La barque était encore loin, presque aussi loin que la terre, et Conradin n'avait plus de forces

Il nagea cependant, il nagea encore, jurant et maudissant; le flot l'engloutit plusieurs fois, il reparut toujours, et la barque sembla approcher... Mais ses forces diminuaient, il avalait, à chaque brassée, une gorgée d'eau, et lorsqu'enfin la barque fut tout près, à dix brasses à peine, Conradin poussa un dernier cri, exhala un dernier blasphème et disparut pour toujours...

—

Il nous faut maintenant abandonner la duchesse, le seul personnage qui survive de ceux qui se trouvaient au petit château bourguignon, pour rejoindre Michaël et le chevalier, lesquels avaient suivi, en Ecosse, la fortune douteuse du prétendant Charles-Edouard.

CHAPITRE VINGT-TROISIÈME

XXIII

Trois mois s'étaient écoulés. Après avoir fait des prodiges et recruté une armée entière, le prétendant avait vu son étoile pâlir, et de cette armée, défaite en bataille rangée par les troupes royales, il ne restait de fidèles à sa cause qu'une poignée d'hommes, la plupart disséminés sur toutes les routes, et cherchant en vain à ranimer dans les montagnes du Nord un enthousiasme que les derniers revers avaient éteint.

A cette heure, Charles-Edouard, proscrit, errait à travers l'Ecosse, suivi par quelques serviteurs dévoués, demandant une hospitalité sûre de château en château et se cachant plus d'une fois au fond des forêts, dans une caverne, pour laisser passer un gros de cavalerie à sa poursuite.

Un soir, c'était au bord de la mer, dans la baie la plus sauvage de cette sauvage Ecosse du Nord. Le ciel était noir, et la flamme d'un feu de camp éclairait à peine les alentours dans un rayon assez rétréci.

— Le roi — car on le nommait ainsi parmi ses fidèles — était assis, les pieds au feu, sur un tronc d'arbre, à la lisière d'une forêt qui bordait la baie. Autour de lui se groupaient une dizaine de personnages dont nos lecteurs connaissent les principaux : — Michaël, le chevalier de Morangis, lord Douglas, la comtesse et quelques autres que nous avons entrevus au rendez-vous des partisans sur la côte de Bretagne.

Le roi était sombre et mélancolique ; il attisait le feu du bout de sa canne et paraissait méditer profondément.

Tout à coup il releva la tête et regarda lord Douglas en face.

— Duc, lui dit-il, ne me cachez rien : que vous ont dit les montagnards du clan Queele?

— Sire, répondit tristement Douglas, ils m'ont répondu : « Le prétendant a notre fidélité et nos vœux ; nous nous sommes battus pour lui deux fois déjà, mais il nous est impossible d'avoir éternellement l'épée hors du fourreau, lorsque nos champs ne sont point ensemencés et que nos femmes, nos enfants, nos pères infirmes meurent de faim. Que le prétendant nous paie, et nous nous battrons pour lui jusqu'à ce que le dernier de nous succombe.

Le prétendant poussa un soupir.

— Ils veulent de l'argent, murmura-t-il, je n'en ai plus... Voyez plutôt mon dernier pourpoint, duc.

Et Charles-Edouard montra ses vêtements, que les ronces des bois avaient déchiquetés.

On se taisait autour du roi; tout le monde sentait la justesse des réclamations des montagnards et l'impossibilité de les satisfaire.

— Il ne me reste donc plus qu'à me précipiter, moi tout seul, s'écria le prétendant dont l'œil s'alluma, à la rencontre d'un régiment de dragons, et à mourir comme un vrai Stuart que je suis.

— Il vaut mieux vivre et attendre, sire; mais si telle était votre résolution, du moins ne mourriez-vous point seul :

il n'est pas un de nous qui ne vous suive au premier signal.

—Vive le roi! répondit-on en foule.

—Merci, messieurs, dit le prétendant d'une voie émue, mais je n'accepte point les dévoûments inutiles!

— Sire... interrompit la comtesse.

Cette femme mystérieuse et inconnue à tous avait déployé un tel sangfroid, une telle énergie, une si haute intelligence de la guerre pendant l'expédition, que tous les compagnons du dernier Stuart avaient en elle une foi aveugle et lorsqu'elle eut manifesté le désir d'être entendue, tous les regards se portèrent sur elle.

Le roi lui-même se découvrit.

— Parlez, madame, lui dit-il.

— Sire, reprit la comtesse avec calme, quel somme faudrait-il pour le clan Queele tout entier?

— Une somme impossible à trouver.

— Peut-être...

— Un million! dit lord Douglas.

— Vous le voyez, madame, murmura

le roi, c'est plus qu'impossible ; on ne trouve pas un million dans le creux d'un rocher.

— Cependant, continua la comtesse avec calme, je sais, moi, où le trouver.

— Vous?

— Oui, sire. Duc, continua la comtesse en s'adressant à Douglas, avez-vous des intelligences avec Edimbourg?

— Sans doute.

— Avec un laissez-passer de vous, y pourrais-je arriver aisément?

— Oui, certes.

— Eh bien! ce laissez-passer, donnez-lemoi, et dans cinq jours nous aurons le million.

La comtesse s'exprimait avec une telle assurance, que l'espoir revint à tous les cœurs, la sérénité sur tous les fronts.

— Madame, dit gravement le roi, vous êtes mon bon génie ; ce n'est ici ni le lieu ni l'heure de vous remercier ; mais si la confiance est une marque de gratitude, croyez que je vous accorde la mienne tout entière en vous donnant en aveugle mes pleins pouvoirs.

— Oh! sire, dit-elle fièrement, c'est moi qui emprunte. Le juif à qui je demanderai cette somme la refuserait peut-être au roi de France.

Tandis que Douglas griffonnait sa signature au bas d'un parchemin illisible, la comtesse s'approcha de Michaël :

— M'aimez-vous toujours ?

— Oh! vous le savez bien.

— Alors, fit-elle avec un sourire, le terme de vos souffrances approche...

Il tressaillit. Elle lui serra la main dans l'ombre et ajouta tout bas :

— A cheval! et suivez-moi.

— Au bout du monde! murmura Michaël avec enthousiasme.

— Non, à Edimbourg seulement; et cette fois, si nous ne périssons, eh bien !...

— Eh bien? fit-il frissonnant.

— Eh bien ! nous serons heureux... —

Sire, ajouta la comtesse, j'emmène avec moi le duc de Valseranges et le chevalier de Morangis.

— Bon! murmura ce dernier, encore une expédition! cette femme a donc juré à madame de Pompadour que je ne reverrais jamais Marly? Le roi doit pourtant s'ennuyer fort là-bas, depuis qu'il n'a plus son premier valet de chambre. Au diable les prétendants et les prétentions!

Et le chevalier, malgré cette tirade, boucla froidement son épée et dit avec calme :

— Madame, je suis à vos ordres.

CHAPITRE VINGT-QUATRIÈME

XXIV

Depuis une heure, la comtesse et ses deux cavaliers étaient en route.

Du campement du roi à Edimbourg il y avait bien douze lieues de pays, de ces lieues mortelles et interminables à travers des chemins mal frayés.

Celui que suivaient nos voyageurs courait, en rampes inégales et brusques, en haut des falaises prodigieusement élevées dans cette partie de l'Ecosse, et surplombait parfois la mer avec une hardiesse terrible.

Étroit, rocailleux, un cheval seul y pouvait passer à la fois, et il fallait que ce cheval fût du pays et eût une grande sûreté de jarret pour ne point broncher à chaque instant; tout faux pas eût été suivi d'une chute inévitablement mortelle.

Cependant, malgré la nuit qui était sombre, nos trois cavaliers chevauchaient rapidement, insoucieux des colères de l'Océan, qui grondait verticalement au-dessous d'eux, et des précipices à la lèvre desquels ils couraient sans cesse, le chemin suivant les contours infinis de la côte que de nombreuses criques dentellent.

La comtesse marchait la première; elle portait la tête haute, sa narine était dilatée, son regard étincelait dans les ténèbres comme l'œil de Satan lui-même. Parfois elle tournait la tête pour voir si ses compagnons la suivaient, et lorsqu'elle avait aperçu la noire silhouette du duc se détachant sur les ombres de la nuit, un rire silencieux effleurait ses lèvres, et elle murmurait ce proverbe italien : « *Che va piano va sano,* » qu'elle accompagnait du dicton français : « *Tout vient à point à qui sait attendre.* »

Michaël demeurait à vingt pas en arrière, retenu qu'il était par le chevalier, qui avait éprouvé le besoin de causer tout bas et de ne point initier la comtesse aux mystères de sa conversation.

— Ah çà ! duc, disait le chevalier, savez-vous que nous sommes d'une excellente composition !

— En quoi, chevalier ?

— En ce que, depuis trois mois, nous obéissons à cette femme comme nous obéirions au roi de France.

— Je l'aime... murmura Michaël.

— Je le sais bien que vous l'aimez ;

mais moi... je ne l'aime pas, je vous jure.

— Je la suivrais chez Satan, continua Michaël.

— Soyez sûr, mon cher duc, que cela vous arrivera au premier jour, car elle y va, c'est chose certaine.

— Quelle plaisanterie!

— Cette femme sent le roussi.

— Chevalier...

— Bon! allez-vous prendre la mouche? Après tout, mon cher, ce serait piquant d'aimer la maîtresse du diable; on ne la rencontre point tous les jours.

— Chevalier, vous êtes un plaisant spirituel.

— Et vous, cher, le galant le plus sentimental et le plus platonique du monde.

— Comment l'entendez-vous ?

— De la façon la plus simple : vous aimez la comtesse ?

— Oh ! fit Michaël ému.

— Elle le sait ?

— Sans doute.

— Et elle ne vous aime pas, elle ?

— Je ne sais...

— Ah ! bravo ! Si elle vous aimait, elle vous le prouverait.

— Chevalier...

— Bien, je comprends. Vous allez me dire que la comtesse est une femme...

comment dirai-je? une femme... ma foi !
je ne trouve pas de terme convenable,
mais je veux dire que la nièce d'un cardinal... Eh bien ! mon cher, quand une
femme vous aime...

— Ah ! chevalier, chevalier, que vous
êtes léger ! murmura le duc ; si vous saviez...

— Quoi donc?

— Eh bien ! mon attente aura un
terme.

— Bon ! à la veille de toutes nos expé-
ditions, et chaque fois qu'il devait pleu-
voir des balles et des coups d'épée, elle
en disait autant.

Le duc tressaillit.

— Oh! cette fois, si vous l'aviez entendue, si vous aviez vu son regard, surpris son accent troublé...

— A merveille ! vous me l'allez donner tout à l'heure pour une ingénue de seize ans ; tarare !

— Mais, fit Michaël blessé, selon vous, elle ne m'aimerait donc pas, chevalier ?

— J'en suis persuadé, duc.

Michaël haussa les épaules.

— Je dis plus, ajouta M. de Morangis : elle aime quelqu'un...

— Hein ? fit Michaël dont la main toucha instinctivement la garde de son épée.

— Ce n'est pas vous, ajouta froidement le railleur chevalier; ainsi, ne vous troublez pas outre mesure.

— Et qui donc? rugit Michaël.

— Attendez ; voulez-vous suivre mon raisonnement ?

— Parlez, mais soyez bref! dit le duc d'un ton saccadé.

— Elle est Italienne, n'est-ce pas ?

— C'est facile à voir à son type.

— Niaiserie ! il y a des Ecossaises brunes et des Italiennes blondes. Passons. Le fait est qu'elle n'est pas Anglaise.

— Je le sais.

— Cependant elle est dévouée au prétendant, et son dévoûment atteint les proportions de l'héroïsme le plus chevaleresque ?

— Sans doute !

— Eh bien ! cher, c'est qu'elle aime le prétendant, et qu'elle se sert de ses œillades et de sa beauté pour lui faire des partisans. Ne voyez-vous pas comme tous ces Ecossais et ces Anglais la regardent avec admiration, et comme ils ont souvent des tentations de nous envoyer *ad patres*, vous et moi, à la seule fin de diminuer le nombre des prétendants au cœur de la comtesse, lesquels me paraissent plus nombreux que les prétendants au trône des trois royaumes ?

Michaël avait écouté froidement.

— Vous vous trompez, chevalier : la comtesse n'aime point le prétendant.

— Cela est possible encore ; alors elle l'aide à se restaurer pour être une marquise de Pompadour quelconque.

— Votre supposition tombera d'elle-même, chevalier, si vous voulez bien prendre la peine de vous rappeler ce qui s'est passé à Versailles. A jouer le rôle de la marquise, autant valait prendre sa place.

— Alors, mon cher, expliquez-moi donc ce dévoûment.

Le duc se pencha sur sa selle et dit tout bas au chevalier qui le suivait à un pas :

— C'est une sœur du prétendant.

Le chevalier se prit à rire.

— Je nie la chose, s'écria-t-il.

— Vous niez ?

— Eh ! sans doute, à moins que le prétendant ne soit point de race anglaise...

— Vous savez le contraire.

— Alors, mon cher, dit le chevalier riant toujours, il est impossible qu'un Anglais ait jamais été pour quelque chose dans la création d'une femme aussi merveilleusement belle que la comtesse.

Michaël haussa les épaules et ne répondit pas. La comtesse, trop éloignée en apparence pour avoir pu saisir un mot de la causerie des deux gentilshommes, se retourna tout à coup sur sa selle.

— Eh bien ! messieurs, cria-t-elle, vous m'abandonnez donc ?

Michaël poussa son cheval et la rejoignit.

— Décidément, pensa le chevalier, ce gros Hongrois est toujours le même, il n'y voit pas plus loin que son nez. Ce serait à me donner envie de conter fleurette, à mon tour, à cette belle Italienne.

Et il pressa le pas à son tour.

— Chevalier, dit la comtesse d'un ton de bonne humeur charmante, vous ne m'en voulez pas, je pense, de vous avoir choisi pour nous accompagner le duc et moi ?

— Ah ! madame.

— Et si je vous confiais le poste le plus périlleux de notre mission ?...

— J'en serais fier ! répondit le chevalier, qui ajouta mentalement : — Décidément, c'est bien convenu, elle a promis à la Pompadour...

— Eh bien ! chevalier, poursuivit l'Italienne, votre dévoûment me suffit, et ce poste, je le donnerai au duc.

Le chevalier se prit à rire.

— Pourquoi donc cette plaisanterie, comtesse ?

— Parce que vous disiez tantôt au duc

qu'il existait un pacte entre madame de Pompadour et moi, pacte qui consistait à vous empêcher de revoir la France.

Le chevalier se mordit les lèvres.

— Cette femme est le diable, murmura-t-il : elle sait tout, voit tout et entend tout.

Le silence se fit parmi les voyageurs, la comtesse parut rêver, le duc éprouva une volupté secrète à respecter cette rêverie, et, quant au chevalier, il se prit à réfléchir aux vicissitudes bizarres de son existence, se disant :

— C'est la duchesse, ma belle marquise d'autrefois, qui est cause de tout cela. Si elle eût voulu m'épouser alors, nous ne serions point allés en Hongrie, nous n'y aurions point rencontré, moi ma femme, elle ce niais de Michaël ; si elle n'eût pas épousé Michaël, Michaël ne serait point venu à Versailles; si Michaël ne fût point venu à Versailles, la comtesse serait restée à Marly, dont personne ne l'eût fait sortir; le roi ne m'aurait point envoyé à la Bastille, la Pompadour n'aurait pas contremandé mon arrestation, et je serais encore à Marly. Voilà comment les choses s'enchaînent et comment je suis ici à jouer ma vie dix fois par jour pour un prince que je ne connaissais pas, qui m'intéresse un peu et m'abandonne à une aventurière qui me conduira Dieu sait où ! C'est navrant !

Le chevalier philosophant ainsi, la comtesse absorbée dans ses pensées, le duc rêvant à son bonheur prochain, chevauchèrent toute la nuit, et, au jour, atteignirent les portes d'Edimbourg.

Sur leur route, ils n'avaient pas rencontré âme qui vive, mais, aux portes de la ville, force fut à la comtesse de montrer au chef des postes le sauf-conduit de lord Douglas, lequel avait, bien que notoirement rallié au prétendant, une influence occulte très grande à Edimbourg.

Ce sauf-conduit invitait tout bon Ecossais à laisser passer à travers l'Ecosse la femme et les deux cavaliers qui la suivaient, les désignant comme des étrangers qui n'avaient que faire dans la politique des trois royaumes.

Le chef des postes hésita une minute, puis, sur un signe mystérieux de la comtesse, signe que n'aperçurent ni Michaël ni le chevalier, il ordonna que les ponts-levis fussent baissés.

La comtesse entra dans Edimbourg comme une femme qui connaît parfaitement la ville où elle se trouve, et, se retournant vers le chevalier :

— Monsieur de Morangis, lui dit-elle, suivez cette rue étroite et tortueuse, elle vous conduira à une petite place sur laquelle est un cabaret de bonne mine où les gentilshommes descendent ; il a pour enseigne : *A l'Arquebuse !* vous nous y ferez préparer des logis.

— Il paraît, grommela le chevalier, que je ne dois point savoir d'où le million sera tiré.

— Et vous nous y attendrez, ajouta la comtesse. Venez, duc.

La comtesse traversa la ville dans une partie de sa longueur, enfila une ruelle sombre et déserte, peuplée de juifs, s'arrêta devant une maison de piteuse apparence et frappa à la porte du pommeau de sa cravache.

Il était alors de grand matin, les croisées s'ouvraient à peine, et les habitants de la maison, éveillés sans doute en sursaut, se pressèrent peu d'ouvrir.

La comtesse heurta de nouveau, et, cette fois, une servante vint ouvrir.

— Votre maître y est-il? demanda l'Italienne.

La servante hésita, la comtesse fit un geste impérieux.

— Il y est, dit la servante.

Le duc et la comtesse mirent pied à terre et pénétrèrent dans le vestibule, sombre, nu, froid, comme l'antichambre d'une maison de juif.

De l'antichambre, ils passèrent, guidés

par la servante, dans un petit salon misérablement meublé, mal ajouré, aussi triste que le vestibule, et là, la comtesse, à qui les êtres de la maison paraissaient familiers, dit à Michaël :

— Asseyez-vous et attendez-moi.

— Est-ce ici que nous trouverons le million ? demanda-t-il d'un air de doute en inventoriant les loques et la pauvreté de cette demeure.

— Certainement.

La servante frappa alors à une petite porte qui se trouvait au fond du salon ; une voix cassée et glapissante demanda ce qu'on lui voulait.

— C'est une dame qui vous veut parler, répondit la servante.

— Est-elle armée?

— Non.

— La connais-tu?

— Oui.

— Il n'y a aucun danger?

— Aucun.

La comtesse entendit un bruit de verroux qu'on tirait, de serrures fermées à double tour et qu'on ouvrait. Le maître de la maison était un homme prudent.

La porte tourna enfin sur ses gonds; la comtesse pénétra dans une pièce plus sombre encore que celle qu'elle quittait, et elle se trouva en présence d'un grand vieillard un peu voûté, portant une longue barbe blanche, vêtu d'une souquenille aussi vieille que lui, ayant une ceinture de pistolets, et tenant à la main un fusil à double coup soigneusement armé.

La comtesse ferma la porte sur elle et sourit dédaigneusement à la vue de tous ces préparatifs de défense.

— Bonjour, oncle Samuel, lui dit-elle.

— Eh bien ! dit la comtesse, n'écarquillez donc point ainsi vos yeux, cher oncle Samuel, bien qu'il y ait longtemps que nous ne nous sommes vus.

— Oncle Samuel! murmura le vieillard en tressaillant; je ne m'appelle point Samuel; je n'ai jamais porté ce nom... ceux qui vous l'ont dit ont menti... je me nomme Aaron Bitter, je suis un bon Ecossais, et mon père, que le Dieu d'Abraham fasse paix à son âme! était un montagnard du clan du Nord qui faisait un commerce de fourrures. Il ne se nommait pas Samuel non plus.

— Vieux fou! lui dit-elle, vous avez donc bien peur qu'on ne vous vienne voler les deux tonnes des souterrains de l'Adlers-Nest?

A ces paroles, le vieillard fit un soubresaut et recula épouvanté.

— Les tonnes! murmura-t-il; qui parle de tonnes? et qui êtes-vous donc, vous?

Il attacha ses yeux perçants sur la comtesse et l'enveloppa tout entière de son regard, malgré la demi-obscurité qui régnait dans la pièce.

— Cornes du diable! s'écria-t-il tout à coup, on dirait que cette belle dame, qui porte si vaillamment la cravache au poing et le poing sur la hanche, n'est autre que ma Louvette.

— Peut-être dit la comtesse, dont un sourire silencieux effleura les lèvres.

Après avoir reculé, le vieillard s'avança vivement et la regarda encore.

— Par Satan mon cousin ! murmura-t-il, c'est bien elle, elle, la Louve !

— Vous croyez ? fit-elle en se jetant nonchalamment sur un siége. Vous pourriez vous tromper, oncle Samuel.

Et la comtesse s'exprimait en bon anglais, étalait complaisamment ses bras d'albâtre et ses belles mains sur les coussins du vieux sofa qui lui servait de siége, et froissait négligemment les dentelles de sa robe dont les agrafes étaient en diamant.

— Dans tous les cas, grommela l'honnête Aaron Bitter, si vous êtes ma Louvette, madame, je vous fais mon compliment de la métamorphose : car ma Louvette ne parlait point l'anglais, elle n'avait pas les mains si blanches, et les agrafes de sa robe...

Le vieillard jeta un regard de convoitise aux diamants qui étincelaient dans la pénombre où la comtesse se trouvait placée.

— Notre bon oncle Samuel, reprit celle-ci, imitant ce ton de raillerie dédaigneuse qu'avait dit Michaël en s'adressant au doyen des Gerfauts, on change avec le temps, et, si j'en avais le loisir, je vous conterais mon histoire.

— J'espère bien, interrompit le vieillard avec défiance, que tu n'es pas venue faire une petite visite amicale à ton vieil oncle Samuel...

— Ah! exclama la comtesse en riant, vous n'êtes donc plus Aaron Bitter...

— Que veux-tu, Louvette; j'ai perdu tout mon bien, j'ai cru devoir changer de nom.

— Ah! vous avez perdu votre bien?

— Hélas! soupira le vieillard.

— Et comment cela?

— J'ai été volé par des bandits.

— Ici?

— Oh! non; à la tour, là-bas... tu sais?

La comtesse poussa un franc éclat de rire.

— Et vous vous êtes noyé de désespoir après, n'est-ce pas ?

— Ecoute donc, ma Louvette, ceci est une autre histoire. Je te la conterai tout à l'heure, car j'espère que tu viens me faire une petite visite amicale et me demander à déjeûner, hein ?

— Oh! non pas, je viens causer affaires avec vous.

— Affaires? eh! cornes du diable! je suis ruiné, t'ai-je dit.

— Ah! soupira la comtesse, je le vois bien, à l'aspect misérable de votre maison. Si Aaron Bitter était riche...

— S'il était riche, ma Louvette, interrompit l'honnête usurier, il n'en déploierait pas plus de luxe pour cela. Il n'y a que les frippons qui ont des plafonds dorés et des tapis d'Orient... Ces gens-là ne savent point ce qu'il en coûte pour se faire honorablement une modeste aisance.

— C'est bien fâcheux pour vous, oncle Samuel, poursuivit la comtesse sans daigner approuver la réflexion pleine de sagesse du vieillard — car il y avait cent pour cent à gagner.

— Cornes du diable!

— Et aucun risque à courir.

— Peuh! mon enfant, on court toujours des risques, croyez-le bien.

— Du tout : c'était un emprunt sur gage.

— Ah !

— J'ai un marché avantageux à vous proposer.

— Peuh ! je suis vieux.

— Mais quittez donc votre fusil, oncle Samuel. N'est-ce point assez pour vous défendre de ces longs pistolets que vous avez sous votre souquenille ? Je ne viens point ici pour vous assassiner !

— Prudence est mère de la sûreté ! murmura sentencieusement le vieillard, qui n'avait point renoncé à ses maximes philosophiques.

Cependant il déposa le fusil dans un coin et vint s'asseoir auprès de la comtesse.

— Tu disais donc, ma Louvette, fit-il d'un ton caressant, que tu avais à me proposer...

— Une belle affaire, oncle Samuel ; mais puisque vous êtes ruiné.

— Hélas !

— Une affaire comme en voudraient rencontrer une seule dans leur vie tous les juifs de l'univers.

— Les juifs, murmura le vieillard, sont âpres en affaires.

— Cependant, puisque les bandits

vous ont dépouillé, il faudra bien que je m'adresse à eux.

— Heu! heu! méfie-toi, ma fille, les juifs sont bien peu honnêtes... Ils ne sont pas gentilshommes, ces gens-là.

— Soit, mais ils ont de l'or. Vous sentez, notre bon oncle Samuel, que j'avais cru devoir vous donner la préférence. Je ne savais pas... on m'avait dit, au contraire, que vous étiez la providence des trois royaumes, et que les gentilshommes endettés, les fils de famille attendant un patrimoine, s'adressaient à vous et sortaient toujours d'ici leurs chausses emplies d'or.

— On t'a menti, ma Loüvette.

— Mais à quoi bon vous donner tous ces détails ? Je vous fatigue, bien certainement.

— Non, non, ma Louvette ; parle, au contraire, je connais du monde à Edimbourg, Dieu merci ! et peut-être trouverions-nous... Voyons, de quoi s'agit-il ?

— S'il en est ainsi, dit négligemment la comtesse, je pourrais moi-même...

— Oh ! non, non, fit l'oncle Samuel, car c'était bien lui ; c'est fort difficile à trouver, je t'assure, et mieux vaut que je m'en mêle.

— C'est qu'il s'agit d'une somme énorme.

— Diable ! Quelle somme ?

— Un million.

— Cornes de Satan! s'écria le digne vieillard, un million! mais c'est une somme fabuleuse... Cela n'a jamais existé, et tout l'or des trois royaumes.

— On dit que le juif Mosès... hasarda la comtesse.

— Un pleutre!

— On le dit riche...

— Et pour une somme pareille quel gage offre-t-on?

— Que vous importe?

— Mais si, mais si; parle toujours!

La comtesse dégrafa le haut de sa robe, tira de son sein une petite boîte de chagrin soigneusement garnie d'un fermoir d'argent, pressa un ressort, l'ouvrit et la mit sous les yeux du vieux Gerfaut.

Celui-ci recula ébloui.

La boîte renfermait un diamant d'une grosseur monstrueuse et de l'eau la plus pure. Ce diamant valait trois millions au moins.

Le vieillard allongea ses doigts crochus pour le saisir, et sans doute qu'une mauvaise pensée l'assaillit, car il jeta à la dérobée un fauve regard à son fusil.

La comtesse comprit ce regard, retira promptement l'écrin et lui dit :

— Vous souvenez-vous de Michaël, notre bon oncle?

— Michaël! fit-il en tressaillant, que parles-tu de Michaël?

Et ce nom, prononcé à l'improviste, troubla si fort le vieillard, qu'il oublia presque le diamant, dont la comtesse referma la boîte aussitôt.

— Savez-vous que vous trembliez bien fort, jadis, oncle Samuel, reprit-elle, lorsque vous entendiez sa voix, et qu'un certain jour où il vous prit fantaisie de tuer son chien Eclair, vous eûtes un bien mauvais moment à passer.

— Ne me parle point de cet homme-là, Louvette; son nom me met l'âme à l'envers.

— Bah!

— Et si je le savais en Ecosse, je crois que je prendrais la fuite et je passerais la mer.

— Alors, fermez vos valises, cher oncle, car il est à Edimbourg.

— A Edimbourg! cornes du diable!

— Et chez vous.

— Chez moi! exclama le vieillard affolé.

— Tenez, dit la comtesse, vous avez un judas ici, ouvrez-le.

Et comme l'oncle Samuel ne paraissait point vouloir se hâter, la comtesse le prit par la main, le conduisit sans hésitation, et en femme qui connaît parfaitement les êtres d'une maison, vers un coin de la pièce où ils se trouvaient, souleva silencieusement un coin de draperie, mit un doigt sur sa bouche et lui dit tout bas :

— Regardez !

Pour obéir à l'injonction de la comtesse, l'oncle Samuel inclina sa grande taille déjà voûtée et baissa la tête jusqu'au niveau d'une étroite ouverture pratiquée dans la boiserie et fermée par une glace épaisse.

A travers cette glace on apercevait le petit salon qui servait d'antichambre à celui où l'oncle Samuel se verrouillait avec tant de soin, et assis dans un fauteuil, dans une attitude rêveuse, Michaël enveloppé de son manteau. Le vieillard n'eut aucun besoin d'examiner long-temps son neveu pour le reconnaître, il lui suffit de voir pour laisser retomber précipitamment la draperie et reculer en manifestant une vive émotion.

— Il est inutile, lui dit alors la comtesse, que vous jetiez les hauts cris : vous êtes parfaitement en sûreté. Michaël ignore votre voisinage.

— En vérité !

— Il ne sait chez qui il est.

— Comment ! que veux-tu dire ?

— Que je l'ai amené chez le juif Aaron Bitter, et non point chez l'oncle Samuel, un vieux fou...

— Louvette !

— Qui s'est fait passer pour mort, après avoir fait prudemment voyager de nuit deux tonnes et un baril d'or...

— Mais tais-toi donc !

— Lesquelles tonnes, poursuivit la comtesse impassible, se trouvent ici, oncle Samuel, dans les caves de cette maison.

— C'est faux !

— Caves où l'on descend par un escalier de trente-six marches.

— Jésus Dieu ! comment sais-tu ?

— Dont la première se trouve sous cette dalle, continua la comtesse en frappant du pied.

— Cornes du diable ! murmura le vieillard attéré, cette femme est sorcière.

— Nullement. J'ai habité Edimbourg lorsque le cardinal Fornarini voyageait avec moi.

— Un cardinal !

— Je vous conterai cette histoire une autre fois. En attendant, allons au plus pressé. Michaël est là ; si vous avez comme tantôt une mauvaise pensée...

— Moi ? Ah ! par exemple !

— Et que vous touchiez à votre fusil ou à un pistolet, au lieu de causer tranquillement du marché que je vous propose, j'appelle Michaël, et vous êtes un homme mort.

L'oncle Samuel ne put s'empêcher de frissonner; cependant il dit avec calme:

— Crois-tu, ma Louvette, que Michaël voudrait manquer de respect à son oncle, à la seule fin de protéger une ancienne maîtresse?

La comtesse sourit de son rire silencieux.

— Pour Michaël, dit-elle, je ne suis plus la Louve.

— Bah!

— Je suis une comtesse italienne dont il est amoureux fou.

— Ah! diable! Il est vrai que tu es

changée, bien changée ce n'est pas l'embarras.

— Et pour un sourire de moi, Michaël brûlerait Rome toute entière.

— Ce garçon-là, murmura l'oncle Samuel avec dédain sera donc amoureux toute sa vie? C'est un monomane, en vérité.

— Oncle Samuel, ne divaguons pas, s'il vous plaît; je suis pressée. Vous avez vu le diamant?

— Oui.

— Eh bien! je vous l'offre en échange d'une des tonnes d'or que vous avez apportées de l'Adlers-Nest.

L'oncle Samuel prit un ton piteux.

— Je ne les ai plus, les tonnes...

— Alors, bonsoir, je vais chez le juif Mosès.

— Attends donc...

— Il est inutile que je perde mon temps... puisque...

— Mais c'est énorme un million !

— Ce diamant en vaut trois. C'est un assez beau gage, je pense.

— Et... il est à toi ?

— Peut-être...

— Ah çà ! ma Louvette, fit le vieillard avec une inflexion de voix respectueuse qui disait sa naïve admiration pour le propriétaire d'un tel denier, quel métier as-tu donc fait depuis cinq ans ?

— J'étais belle et j'avais soif de vengeance, répondit-elle toute bas. Un grand seigneur à robe rouge a fait le reste.

— Eh bien ! poursuivit l'avide vieillard qui ne perdait point de vue un seul instant le but sérieux de la conversation et se souciait peu de l'histoire de la Louve, pour combien de temps m'emprunterais-tu ?

— Pour huit jours, peut-être.

— Peuh ! et avec quel intérêt ?

— Cinquante pour cent.

— Oh ! oh !

— Peut-être pour toujours.

— Alors, je garderais le diamant ?

— Mais sans doute, dit-elle avec indifférence.

— Cornes du diable! s'écria-t-il en redressant sa taille voûtée, viens, ma Louvette, viens avec moi! tu vas avoir la tonne.

Et l'oncle Samuel fit jouer un ressort du parquet, souleva une dalle et mit à nu l'orifice d'un escalier.

— Viens, Louvette, reprit l'oncle Samuel; descends avec moi; je vais te montrer le million, et nous ferons échange.

— A quoi bon? dit la comtesse, et qu'ai-je besoin de vous suivre dans vos caves? je préfère vous attendre ici.

Ceci dérangeait un nouveau plan de l'oncle Samuel, qui venait de réfléchir que la comtesse, une fois dans les caves, appellerait vainement Michaël, et qu'il lui serait possible, à lui, Aaron Bitter, d'avoir le diamant sans bourse délier.

— C'est que je suis vieux, balbutiat-il.

— Peuh ! vous êtes vert.

— Et à moi seul il me sera bien difficile de hisser la tonne.

— Voulez-vous que je prie Michaël de vous aider ?

— Horreur ! fit l'oncle Samuel indigné.

— Alors, arrangez-vous, notre bon oncle, dit la comtesse avec insouciance; car bien certainement je ne vous suivrai point par un escalier aussi noir, aussi humide, aussi malsain que celui-là.

— Quelle mijaurée! murmura le vieillard; madame a peur de s'enrhumer?

— Précisément, notre bon oncle.

Il se décida a poser un pied sur la première marche, ajoutant mentalement :

Elle était moins douillette autrefois, la Louve, et je me souviens que, lorsqu'elle vint pleurnicher à la porte de la tour, pieds nus et mourant de faim... On voit que depuis elle a reçu de l'éducation... jolie chose que l'éducation, ma foi! cela me coûte un million !

L'honnête Aaron Bitter avait déjà calculé qu'il ne rendrait point le diamant, quoi qu'il pût arriver, et dût-il s'enfuir avec lui d'Edimbourg le soir même.

La comtesse s'était allongée nonchalamment sur le sofa et paraissait attendre qu'il voulût bien s'exécuter.

— Descendez-vous sans lumière? demanda-t-elle.

— Sans doute, soupira-t-il, je connais les êtres.

Et il fit résonner un trousseau de clés à sa ceinture; ces clés fermaient un nombre imposant de serrures, derrière lesquelles s'abritait l'or du vieillard.

CHAPITRE VINGT-CINQUIÈME

XXV

—

Demeurée seule, la comtesse se prit à sourire.

— Pauvres têtes que ces Gerfaut! murmura-t-elle; celui-ci avec son astuce, celui-là avec son regard qui fascinait, ne sont, après tout, que des bélîtres et des sots ; leurs passions les aveugleront toujours.

Malgré les serrures multipliées et les portes nombreuses qu'il avait à ouvrir et refermer sur lui, l'oncle Samuel reparut bientôt à l'orifice de l'escalier.

Il poussait devant lui, malgré son grand âge, une tonne pareille à celles qu'il avait extraites jadis d'une armoire de l'Adlers-Nest; mais celle-là était toute neuve, et l'or qu'elle contenait n'était plus le même qu'avait enfoui le baron Sigismond. L'honnête Gerfaut avait *fait travailler ses pièces*, comme disent de nos jours ceux qui s'occupent de ce commerce, et elles étaient fidèlement revenues au logis, décuplées et centuplées.

L'oncle Samuel était pâle comme un père qui va se séparer du plus cher de ses enfants, et cependant sa pâleur avait une tout autre cause que l'abandon momentané de son or, auquel il se résignait.

Il recula le baril devant la comtesse et lui dit d'une voix émue :

— Ai-je rêvé tout éveillé, Louvette, ou bien m'as-tu dit tout à l'heure que l'escalier de ma cave avait trente-six marches ?

— Je vous l'ai dit.

— Et ne m'as-tu pas indiqué le judas ?...

— Certainement.

— Malheureuse! s'écria le vieillard en tremblant, mais tu as donc pénétré ici?

— Peut-être...

— Mais quand? comment? dans quel but?

— Que vous importe?

— Que m'importe! mais si tu connais si bien ma maison, c'est que tu as l'intention...

— De vous voler? Allons donc! ne croyez-vous pas, oncle Samuel, que, parce que je vous donne ce titre, je suis de la race des Gerfaut? Fi!

— Cornes du diable! murmura le vieillard sans se soucier plus de l'impertinence de la comtesse, mais si tu sais tout cela, tout le monde peut le savoir... et alors je suis un homme perdu... on me dépouillera...

— Nul, si ce n'est moi, ne connaît votre maison, ne sait qui vous êtes et combien d'or vous avez.

— Ta parole d'honneur?

— Vous devriez peu croire, oncle Samuel, à la parole des autres, vous qui n'en avez jamais eu. Mais si vous désirez une preuve raisonnable que je n'ai nulle intention de vous voler, je vous ferai observer que si j'y songeais le moins du monde, je ne vous apporterais point, en échange de la somme dont j'ai besoin, un diamant qui en représente trois fois la valeur.

— C'est juste, cela, murmura l'oncle Samuel, qui réfléchit profondément. Mais alors, comment sais-tu?

— Ceci est mon secret.

— Je veux le savoir...

— Oncle Samuel, dit froidement la comtesse, priez Dieu, si vous croyez à lui, que jamais le seul homme à qui je confierai ce secret en lui racontant mon histoire ne puisse vous le répéter.

— Tudieu! ma Louvette, et quel est cet homme?

— Michaël, à qui je la dirai...

La comtesse s'arrêta, et un rire sinistre glissa sur ses lèvres.

— Le jour de sa mort, ajouta-t-elle ; et si Dieu voulait qu'il vous la pût redire, c'est que ma vengeance échouerait à deux pas du but et ferait naufrage au port.

— Ah ! ah ! s'écria le vieillard ragaillardi par ces paroles, nous ne l'aimons donc plus, notre Michaël ?

L'éclair de haine qui jaillit des yeux de l'Italienne fut pour son interlocuteur la plus éloquente des réponses.

Puis, après une minute de silence, elle ajouta :

— Cher oncle Samuel, croyez bien une chose : c'est que cette pauvre paysanne qu'on nommait la Louve, que vous aviez pervertie dès son jeune âge et qui n'avait d'autre vertu, d'autre noble chose au cœur que son amour, n'a point vu cet amour honteusement foulé aux pieds, ne s'est point condamnée ensuite à polir ses mains et son langage au prix de son infamie, et ne vient point, à cette heure, faire un marché de dupe avec vous, pour demeurer sans vengeance et laisser vivre heureux et paisible ce Michaël qu'elle a tant aimé... Ah! vous croyez, vous, que la vanité seule et un stérile orgueil ont métamorphosé la paysanne de l'Adlers-Thal en la comtesse de Lupe, la plus belle courtisane de France et d'Italie, dont le roi Louis XV a été fou pendant deux jours, devant laquelle tout plie et s'incline ! Et supposez-vous que le dévoûment seul me guide quand je joue le rôle d'héroïne auprès du prétendant ?

— Ah ! par Satan mon cousin ! exclama l'oncle Samuel, voici qui est plaisant. Serait-ce toi par hasard qu'on nomme en Ecosse la comtesse rouge, parce que tu accompagnes en tous lieux ce roi de hasard ?...

— C'est moi.

— Et qu'a-t-il affaire dans ta vengeance ?

— Ceci est encore mon secret, et je ne suis point venue, oncle Samuel, pour vous conter mes secrets, mais bien pour vous emprunter de l'or.

— Cet or est-il encore pour ta vengeance ?

— Sans nul doute.

— Eh bien! ma fille, murmura le vieillard d'un ton paternel, permets-moi de te dire que tu es folle, archifolle, car une vengeance, si chère qu'elle puisse être, ne vaudra jamais un million.

Et l'oncle Samuel accompagna cet agréable jeu de mots d'un petit rire sec qui séyait bien à sa profession d'usurier.

— Voyons, dit la comtesse, ce baril contient-il bien un million ?

— Le compte est juste.

— Et la plaisanterie du baron Sigismond, vous savez, les clous rouillés et la ferraille, ne vous en aurait-elle point inspiré une autre ?

— Ah ! fit le vieillard avec indignation.

— Pouvez-vous décercler la tonne ?

— Je le veux bien.

L'oncle Samuel s'exécuta, défonça le baril d'un côté ; la comtesse y plongea les mains, parut satisfaite et lui dit :

— Voilà le diamant. Je vais appeler Michaël.

— Juste ciel !

— Croyez-vous pas que je porterai la tonne moi-même ?

— Mais si Michaël me voit... Oh! non, jamais...

Et le vieillard tremblait.

La comtesse lui indiqua les plis d'une draperie.

— Cachez-vous là, lui dit-elle.

Le digne homme pressait le diamant sur son cœur, il ouvrait et refermait la boîte, se plaisait à le voir étinceler et miroiter, et il ne fallait rien moins qu'une telle compensation pour soutenir son courage et lui faire supporter la pensée que Michaël allait se trouver à deux pas de lui.

Il se dissimula sous la draperie avec une vivacité juvénile, puis il demeura dans une immobilité parfaite, tant il craignait que son terrible neveu ne soupçonnât la présence d'un étranger et n'eût la fantaisie de le voir.

L'oncle Samuel ainsi caché, la comtesse tira les verroux de la porte et se montra à Michaël, qui, grâce à l'épaisseur des murs, n'avait absolument rien entendu et commençait à trouver monotone la compagnie de la servante du digne Aaron Bitter.

— Venez ! lui dit-elle d'un signe.

Michaël entra et fut fort étonné de voir le baril d'or et la comtesse seule.

— Ah! lui dit-elle, l'homme avec qui j'ai fait un marché est poltron et couard, et il n'ose se montrer.

— Par exemple!

— Tenez, il est caché ici près...

L'oncle Samuel frissonna.

— Là derrière ce rideau...

L'oncle Samuel trembla de tous ses membres.

— J'ai bien envie, dit le duc en riant, de violer son incognito : ces faces d'usuriers m'ont toujours assez réjoui...

L'oncle Samuel, ivre de terreur, mit la main sur la crosse de ses pistolets.

— N'en faites rien, dit la comtesse ; il a ma parole.

— C'est fâcheux, comtesse, dit négligemment Michaël, mais il en sera comme vous voudrez.

— Prenez ce baril, duc, vous qui êtes vigoureux.

Le duc chargea la tonne sur son épaule.

— Et allons-nous-en ! ajouta la comtesse. Je parie que ce pauvre chevalier s'impatiente fort.

Ils sortirent, la comtesse le précédant ; et lorsque l'oncle Samuel les eut entendus s'éloigner, il sortit en tremblant de sa cachette et alla pousser et verrouiller la porte en murmurant d'une voix troublée :

— Ouf! ces gens-là sont des démons. Ils ne me laisseront pas mourir en paix. C'était vraiment bien la peine que je me dépaysasse ainsi, après m'être fait passer pour mort et avoir écrit un testament. Au diable cette maudite race des Gerfaut! Je ne sais ce que j'ai fait à Dieu pour qu'il m'ait ainsi implanté dans cette famille sans foi ni loi...

Tandis que le digne homme s'apitoyait ainsi sur la fatalité qui le poursuivait, la comtesse et le duc avaient gagné la rue, guidés par la servante, qui refermait prudemment toutes les portes, et, là, le baril d'or avait passé de l'épaule de Michaël sur sa selle.

— Duc, dit alors la comtesse, si cet or sort sans encombre d'Edimbourg, le roi sera sauvé.

— Comtesse, vous êtes une fée.

— Merci, duc.

— Une femme aussi mystérieuse que belle.

— La beauté et le mystère vont bien accouplés.

— Ah! comtesse, si vous saviez combien je vous aime!...

— Je le sais, puisque je vous ai choisi pour m'accompagner.

Un nuage passa sur le front de Michaël; il se souvenait tout à coup des paroles du chevalier à l'endroit du prétendant et de ses relations avec l'Italienne.

— Comtesse, lui dit-il, savez-vous que vous avez voué au roi un dévoûment sans bornes?

— Je l'aime comme un frère, répondit-elle.

— Votre amour n'est-il que fraternel?

Elle le regarda.

— Dieu! fit elle souriant, comme vous êtes pâle, duc! seriez-vous jaloux encore?

Le duc tressaillit.

— Mon pauvre Michaël, murmura-t-elle en lui donnant sa main à baiser, savez-vous qu'il est mal à vous de concevoir d'aussi étranges soupçons, alors que je vous prouve si bien mon amour?

— Êtes-vous sincère, comtesse, et m'aimez-vous réellement?

— Vous le verrez, dit-elle, et vous me demanderez alors pardon de vos injustes doutes.

Comme elle prononçait ces mots, ils venaient de s'arrêter devant l'hôtellerie qu'elle avait indiquée au chevalier, et, levant la tête, Michaël l'aperçut à une fenêtre du premier étage.

— Bravo! cria M. de Morangis en voyant le baril que le duc avait prudemment recouvert de son manteau.

Il descendit pour les recevoir. L'hôtelier le suivit et échangea avec la comtesse un rapide signe d'intelligence qui échappa à ses deux compagnons.

— Eh bien! chevalier, dit-elle à M. de Morangis, voulez-vous vous charger de cette tonne emplie du plus précieux des vins? Il faut une main de gentilhomme pour toucher à un pareil crû.

Le chevalier comprit que la comtesse voulait dissimuler à l'hôtelier le prix réel du baril, que son poids aurait inévitablement trahi; il s'en chargea donc, et, précédant Michaël, qui donnait le bras l'Italienne, il porta son fardeau dans la chambre où il avait fait dresser la table et préparer des lits.

— Vous sentez, messieurs, dit alors la comtesse à ses deux compagnons, qu'il est impossible de repartir aujourd'hui et de traverser Edimbourg en plein jour avec un tel dépôt : nous allons donc passer la journée ici, et nous nous remettrons en route à la nuit tombante.

— Ceci est merveilleusement arrangé pour moi, murmura le chevalier ; je meurs de sommeil et ne serai point fâché de dormir quelques heures.

— Je vous engage même, poursuivit

la comtesse, paraissant aller au-devant des vœux du chevalier, je vous engage même à vous reposer jusqu'au soir lorsque nous aurons déjeûné.

L'hôtellerie était modeste, l'hôtelier paraissait le plus niais des hôteliers, et à l'empressement qu'il déployait à servir ses nobles clients, on devinait qu'il était peu habitué à semblable aubaine et que les gentilshommes étaient rares chez lui d'ordinaire.

La comtesse et Michaël touchèrent à peine aux mets qu'on leur servit; le chevalier, au contraire, dévora en homme qui ne vit point entièrement de dévoûment chevaleresque et d'amour; — et cependant, vers la fin du repas, Michaël et lui sentirent leur tête s'appesantir graduellement, et le besoin de sommeil s'empara d'eux à ce point que la comtesse leur dit en riant :

— Décidément, les femmes sont encore plus fortes que les hommes ! Vous dormez debout, messeigneurs ; reposez-vous donc, mais placez votre épée à vos chevets, et n'oubliez pas que vous êtes les gardiens du dernier million de Charles-Edouard, roi de la grande Bretagne ! Bonsoir, je rentre chez moi.

Ce que la comtesse appelait son *chez elle* était un cabinet attenant à la salle où les lits de repos étaient dressés.

Bientôt Michaël et le chevalier s'endormirent d'un sommeil profond, et leurs ronflements prolongés attestèrent que le gin et l'ale de l'hôtelier étaient de puissants narcotiques.

Alors la comtesse s'approcha de la fenêtre entr'ouverte et y agita son mouchoir deux secondes, puis elle revint s'asseoir sur le lit de camp qu'on lui avait dressé.

Peu après, des pas retentirent dans le corridor, deux coups légers furent frappés à la porte extérieure, puis cette porte s'ouvrit, la comtesse se leva, et un homme entra dans la chambre où dormaient Michaël et M. de Morangis.

Cet homme portait l'uniforme des dragons de l'armée anglaise et les insignes d'officier subalterne.

Il jeta un regard défiant sur les deux gentilshommes, mais la comtesse le rassura d'un geste.

— Ils dorment bien ! dit-elle avec son froid sourire, et ils ne s'éveilleront point. Causons.

Bien que le personnage qui entra chez la comtesse n'ait qu'un rôle secondaire dans notre récit, son portrait est de quelque utilité.

C'était un homme de trente-cinq à quarante ans, au visage cauteleux, à l'œil fauve, dont la lèvre exprimait cette ironie amère qui naît d'une vie écoulée au milieu des déceptions de tout genre. Il était maigre et presque chauve; il paraissait mécontent de lui-même et de l'humanité tout entière, ainsi qu'il convient à un homme dont tous les rêves d'ambition ont été déçus.

En apercevant le baril, il parut deviner son contenu, et son œil laissa échapper un regard de convoitise qui fit sourire dédaigneusement la comtesse.

— Ah! vous voilà, maître Harry? lui dit-elle; venez donc par ici, nous y causerons à l'aise.

Le lieutenant, c'en était un, suivit l'Italienne dans le cabinet et s'assit sans façon sur le bord du lit de camp, tandis qu'elle demeurait debout, adossée à la croisée, comme si elle eût trouvé indigne d'elle de partager le même siége que son visiteur.

— Il y a longtemps que nous ne nous sommes vus, maître Harry, reprit-elle négligemment.

— En effet, madame.

— Depuis l'époque, je crois, où vous étiez à Naples, sbire pendant le jour et filou pendant la nuit.

— Ah! comtesse, fit le lieutenant avec un agréable sourire, c'était dans le même temps, il me semble, où vous ruiniez le jeune marquis Tealdo Tealdini, de Florence.

— Passons, fit la comtesse avec dédain.

— Je le veux bien, comtesse; il est parfaitement inutile de remuer les cendres du passé.

— Il paraît, maître Harry, que, pas plus en Angleterre qu'en Italie, vous n'avez pu atteindre le char de la fortune et vous y cramponner?

— Hélas! murmura l'officier d'un air sombre.

— Que voulez-vous, maître Harry! vous savez que la fortune est une capricieuse qui se laisse prendre rarement aux œillades d'un œil louche comme le vôtre.

— Comtesse...

— Mais vous savez aussi que la comtesse de Lupe a plus d'une fois saisi ce char au passage, l'arrêtant d'un bras nerveux pour lui appliquer ensuite une direction conforme à son bon plaisir.

L'œil d'Harry jeta de fauves lueurs.

— Je suppose, dit-il, que vous ne m'avez point fait prévenir par l'hôtelier.....

— Je cherchais un homme capable de tout, maître Harry, un soldat propre à un coup hardi, un misérable prêt à tous les crimes...

— Vous avez des mots cruels, comtesse.

— Et j'ai appris que vous étiez du nombre des officiers de dragons cantonnés à Edimbourg. Vous sentez, maître, que je ne pouvais mieux m'adresser.

— Vous êtes bien bonne, comtesse. De quoi s'agit-il?

La comtesse fit un signe à l'officier, qui se leva et la suivit jusqu'au seuil du cabinet. Là, elle lui montra Michaël.

— Voyez-vous cet homme? dit-elle.

— Oui ; faut-il le tuer?

— Niais! Aurais-je besoin de vous? Il dort, voilà des pistolets sur cette table, j'ai l'œil sûr, le poignet solide : à quoi bon vous charger d'une besogne aussi facile ?

— C'est juste. Que dois-je faire ?

— Je hais cet homme, je veux son déshonneur et sa mort, mais d'abord le déshonneur.

La comtesse s'arrêta et regarda Harry ; Harry l'écoutait impassible.

— Vous voyez également ce baril.

— Sans doute.

— Il est plein d'or ; il renferme un million.

— Beau denier, tonnerre et sang !

— Ce million est à vous, si vous obtenez le résultat que je me suis promis.

— Oh ! soyez tranquille, comtesse,

fallût-il assassiner l'archevêque d'Edimbourg...

— Ce million, je me le suis procuré à grand'peine pour le compte du prétendant que vous et les vôtres traquez jour et nuit, et il est destiné à lever une armée nouvelle dans les montagnes.

— Ah ! ah ! ricana Harry.

— L'homme que vous voyez-là, et qui se nomme le duc de Valseranges, en est le dépositaire, il en répond sur son honneur. Il s'agit de le lui enlever.

— C'est facile, dit Harry se dirigeant vers le baril.

— Vous êtes un niais, et vous n'aimez

que la besogne toute faite. Attendez donc...

— J'écoute, dit Harry.

— Nous partirons ce soir d'Edimbourg, vous nous faciliterez les moyens de sortir de la ville sans encombre.

— Très bien.

— Nous voyagerons toute la nuit par des sentiers détournés. A deux heures du matin, nous arriverons au milieu d'une forêt, à trois lieues du camp du prétendant. Là, j'enverrai le chevalier de Morangis, qui est cet autre gentilhomme que vous voyez en éclaireur, prévenir le prétendant que le million arrive.

— A merveille !

— Et, en attendant qu'une escorte nous vienne pour assurer notre passage à travers une ligne ennemie, que vous établirez en ayant soin que nous l'apprenions en route, nous nous arrêterons, le duc et moi, dans une chaumière de bûcheron. Là, prétextant une grande fatigue, je m'étendrai sur un lit improvisé et feindrai de m'endormir. C'est alors que vous surviendrez...

— Je devine.

— Nullement. La chaumière dont je parle, et qui se trouve à six lieues d'ici, au milieu des bois, non loin de la mer et au bord du sentier qui conduit à la baie d'Herefield, le lieu de la retraite du prétendant, cette chaumière, dis-je, est habitée par un vieux bûcheron. Vous l'en expulserez et prendrez ses habits; ce sera vous qui nous donnerez l'hospitalité.

— Je commence à comprendre...

— Pas encore! Le duc demeurera assis sur le baril; vous vous placerez auprès du lit où je reposerai. Tout à coup vous tirerez un pistolet, et, me l'appliquant sur la tempe, vous direz froidement au duc :

— Vous allez me céder le baril, où je tue cette femme.

Harry regarda la comtesse avec étonnement.

— Il m'aime, dit-elle.

— Alors il n'est point douteux...

— Qu'il vous cédera le baril, c'est incontestable ; mais ceci n'est rien encore : vous lui ferez écrire et signer une déclaration de cette cession, motivée par une menace de mort adressée non à moi, mais à lui.

— Diable ! et s'il refuse, faudra-t-il vous tuer ?

— Vous avez de l'esprit, maître Harry.

— J'ai l'humeur gaie, comtesse.

— Vous éleverez vivement le canon du pistolet dans sa direction et vous lui ferez sauter la cervelle.

— Savez-vous, comtesse, que vous me proposez là un jeu passablement dangereux?

— Il s'agit d'un million.

— Et lorsqu'il aura écrit et signé?

— Vous ferez entendre un coup de sifflet, deux de vos hommes surviendront, s'empareront du baril et l'emporteront. Puis, vous exigerez du duc sa parole qu'il demeura tranquille pendant vingt minutes, tandis que vous vous retirerez.

— Et le million m'appartiendra?

— Attendez donc encore, maître Harry. Examinez bien ce baril...

— C'est une tonne à bière, pardieu!

— Eh bien ! il s'agit de vous en procurer une absolument pareille.

— C'est facile.

— Et de l'emplir de matières assez lourdes pour qu'elle atteigne la pesanteur de celle-ci.

— Décidément, murmura Harry, je ne comprends plus.

— Vous ferez porter cette tonne par un de vos soldats dans les ruines d'une vieille abbaye, située à la lèvre des falaises, à une demi-lieue de la cabane du bûcheron ; et c'est là que vous vous rendrez avec vos deux soldats après le coup de main. Vous ferez du feu et boirez joyeusement jusqu'à ce que le duc et moi tombions sur vous à l'improviste; alors quelques coups de pistolets seront échangés. Vous prendrez la fuite tous les trois abandonnant la tonne.

— Et l'autre?

— Celle qui contient l'or? A vous, maître Harry, de la cacher convenablement dans le creux d'un chêne ou d'une broussaille, afin de l'y retrouver plus tard. Je suppose que vous tenez quelque peu à ce million.

— Comtesse, interrompit Harry, vous avez des combinaisons infernales.

— Ce n'est pas tout encore, maître; pour arriver au but, j'ai négligé les détails. Vous aurez, à dix pas de la cabane du bûcheron, un homme à cheval qui partira ventre à terre et devra arriver à la haie d'Herefield dix minutes après le chevalier de Morangis. Ce dragon portera au prétendant un billet de vous conçu à peu près dans ces termes :

« Vous êtes découvert ; nous pourrions
» vous arrêter, nous préférons vous lais-
» ser fuir. Ne comptez pas sur le mil-
» lion, nous le tenons. Nous l'avons ar-
» raché sans bruit ni trompette, pendant
» que la comtesse dormait, au duc de
» Valseranges, qui a craint de se faire
» tuer et a préféré écrire la déclaration
» que voici. La comtesse a un sommeil

» admirable; elle ne s'est point éveil-
» lée. »

— Vous aurez soin de joindre à ce billet écrit d'avance la déclaration du duc.

— Le prétendant sera bien bon, murmura Harry, s'il ne fait point fusiller le duc sur-le-champ.

— J'y compte, répondit froidement la comtesse. Vous aurez soin également d'échelonner deux hommes déguisés en bûcherons qui nous indiqueront le lieu de votre retraite.

— Soyez tranquille.

— Attendez la nuit, puis montez à cheval, prenez la route la plus directe et allez tout préparer.

— Pardon, comtesse : un mot, s'il vous plaît?

— Que voulez-vous?

— Nous échangerons, avez-vous dit, quelques coups de pistolet?

— Sans doute.

— Si le duc... on ne sait pas... Je veux jouir d'un million.

— N'est-ce que cela? dit la comtesse en riant. Tenez...

Elle saisit sur la table les pistolets que Michaël y avait déposés, prit la baguette et retira les deux bourres supérieures pour en extraire les deux balles, qui coulèrent l'une après l'autre dans ses belles mains et qu'elle jeta dans les cendres du foyer.

Puis tout à coup, réfléchissant :

— Maître Harry, dit-elle, auriez-vous quelque répugnance à vous faire arrêter ?

— Arrêter... par qui ?

— Par les hommes du prétendant.

— Hum ! la perspective est nébuleuse ; on me fusillerait.

— Je vous réponds du contraire ; on vous relâchera.

— Mais à quoi bon ?

— Si l'on vous arrêtait et qu'on vous demandât des renseignements sur l'événement de la nuit, répondriez-vous hardiment que le duc était d'intelligence avec vous depuis longtemps déjà, et qu'il n'a écrit cette déclaration que pour se justifier aux yeux de vos chefs?

— Sans doute, si toutefois...

— Parlez.

— Si toutefois il y a un supplément au million.

— Vingt-cinq mille livres...

— C'est peu... mais enfin...

— Vous consentez?

— J'ai femme et enfants.

— En ce cas, ce soir, quand nous sortirons de la ville, trouvez-vous sur le passage du duc et demandez-lui une minute d'entretien.

— Que lui dirai-je ?

— Ce que vous voudrez, peu importe ! Il suffit que le chevalier puisse se rappeler plus tard cette circonstance. Vous aurez soin de vous couvrir le visage de votre manteau et de déguiser un peu votre voix, afin qu'il ne vous reconnaisse point dans le bûcheron.

— Vous serez obéie.

— Et enfin, demain dans la journée, vous rôderez dans nos environs et vous vous ferez prendre. Si vous parlez bien, vous aurez les vingt-cinq mille livres. Maintenant allez, car une heure s'est écoulée depuis que nous causons, et les trois gouttes d'essence de pavot que ces gentilshommes ont bues sans le savoir ne les peuvent faire dormir éternellement.

Et la comtesse congédia Harry d'un geste dédaigneux.

L'officier s'en alla en saluant jusqu'à terre.

Peu après, Michaël et le chevalier s'éveillèrent.

Le reste de la journée s'écoula pour la comtesse et ses deux compagnons sans événements importants.

Ils attendaient la tombée de la nuit pour se mettre en route, et lorsqu'ils sautèrent en selle, l'ombre était descendue du sommet des montagnes dans les rues de la ville.

Michaël portait le baril devant lui, sur sa selle, le couvrant du mieux qu'il pouvait avec les pans de son manteau. La comtesse chevauchait la première; le chevalier, la main droite sur ses fontes et prêt à faire feu au besoin, fermait la marche.

Ils traversèrent sans obstacle les rues les plus fréquentées; soldats ou hommes du peuple les laissèrent passer sans manifester la moindre curiosité.

A la porte sud de la ville, celle par où ils devaient sortir, la comtesse montra le sauf-conduit de Douglas; et tandis que le chevalier de la porte, ainsi nommait-on l'officier commis à ce poste, l'examinait, un dragon, son manteau rabattu sur son visage, s'approchait de Michaël.

— Que portez-vous donc là, mon gentilhomme ? lui demanda-t-il tout bas.

— Un baril d'ale, répondit Michaël.

— Ou de pièces d'or, fit le dragon confidentiellement.

Michaël tressaillit; le dragon continua :

— Je ne suis point un traître, mon gentilhomme, et je sais que le roi a besoin d'argent...

Michaël le regarda avec défiance et caressa le pommeau de ses pistolets.

— Mais, continua-t-il, faites bien attention à ceci ; c'est un bon avis que je vous donne... Il y a, à huit heures d'ici, une compagnie de dragons échelonnée précisément sur votre route. Si vous m'en croyez, vous ne voyagerez point de nuit.

Et le dragon salua de la main et se perdit dans la foule, sans que Michaël eût pu découvrir son visage.

— Passez! disait-on en même temps à la comtesse.

Quand ils furent hors de la ville, les

trois cavaliers se rangèrent sur une file et chevauchèrent côte à côte.

— Qu'est-ce que cet homme? demanda le chevalier.

— Je l'ignore, répondit Michaël.

— Que vous a-t-il dit?

— Il m'a donné le conseil de m'arrêter avec le baril au point du jour et de ne point passer outre.

— Serions-nous découverts? fit ingénûment la comtesse.

— Il a notre secret, ceci est certain.

— Nous sommes donc trahis? murmura M. de Morangis avec défiance et jetant sur la comtesse un étrange regard.

— Trahis, non, répondit-elle, mais soupçonnés, à coup sûr. Chevalier, je suis d'avis d'écouter le conseil de cet homme et de nous arrêter au point du jour, de peur d'aller tête baissée dans une embuscade.

— Et faudra-t-il attendre la nuit suivante ?

— A moins que vous ou le duc n'alliez en éclaireur.

— Je m'en charge volontiers, comtesse, répondit le chevalier, qui fit à part lui la réflexion suivante :

« Si l'on nous attaque tandis que je serai auprès du million il faudra absolument, pour que l'honneur soit sauf, que je me fasse tuer avant qu'on nous l'enlève. Or, quelque brave que je sois, je ne vois nullement la nécessité de me faire tuer pour la conservation d'un tonneau de pièces d'or. Le roi de France doit s'ennuyer fort depuis mon départ, et la Pompadour serait trop heureuse d'apprendre que l'on m'a honteusement occis un jour où j'étais converti en soldat des gabelles. »

— Comme vous voudrez, chevalier, dit la comtesse ; le duc et moi nous garderons le trésor.

— Et je me ferai tuer avant qu'on n'y touche, fit Michaël, avec un enthousiasme auquel un doux regard de l'Italienne n'était point étranger.

La comtesse guidait la marche, tout comme le matin ; elle prit, sans hésiter, le sentier qui, abandonnant une grande route, s'enfonçait dans les bruyères et courait vers la mer en cotoyant les falaises.

La nuit était sombre, sans étoiles et sans lune ; le cheval de la comtesse et celui de Michaël se touchaient ; aussi le duc en profitait-il parfois pour dérober à l'Italienne un rapide baiser, contre lequel elle ne protestait point.

Vers deux heures du matin, les voyageurs entrèrent dans la forêt et s'arrêtèrent à la porte de la hutte du bûcheron.

La comtesse frappa du pommeau de sa cravache; la porte s'ouvrit peu après, et le bûcheron parut.

— Que me voulez-vous? demanda-t-il.

— Un gîte, répondit Michaël.

— Ma maison est une pauvre demeure, messeigneurs.

— Avez-vous un lit?

— Un grabat, messeigneurs.

— Cela me suffit, dit la comtesse.

CHAPITRE VINGT-SIXIÈME

XXVI

La comtesse mit pied à terre aussitôt et entra dans la hutte avec un empressement que semblait motiver en apparence la fatigue dont elle s'était plainte plusieurs fois déjà pendant les heures précédentes, mais qui puisait sa véritable cause dans le désir qu'elle avait de s'assurer que tout était prêt selon ses instructions.

Une torche fichée sous le manteau de l'âtre éclairait la cabane. Près de la porte, le bûcheron avait roulé son lit, celui que devait occuper la comtesse ; au coin du feu, il y avait deux escabeaux.

Maître Harry était à l'aise dans son rôle de bûcheron ; il avait noirci ses mains et son visage ; il s'était affublé de ces haillons incolores qui composent le costume des paysans écossais, et il avait un plaid en lambeaux roulé autour de de s es épaules, quand les trois étrangers se présentèrent.

— Mon brave homme, dit la comtesse en faisant briller une pièce d'or au travers des mailles bleues et rouges d'une bourse, faites-nous du feu et donnez-nous un gobelet d'ale. Le brouillard de la nuit glace les épaules et dessèche le gosier.

Le prétendu bûcheron s'empressa d'obéir; la comtesse s'assit sur le grabat, tandis que Michaël, roulant son baril au coin de l'âtre, se plaçait dessus à califourchon.

Le chevalier, qui devait repartir presque sur-le-champ, se contenta de s'approcher du feu et d'y sécher, tout debout, ses bottes couvertes de givre.

Puis il vida son gobelet, fit siffler sa cravache, et dit à la comtesse avec un sourire malicieux :

— Je vais vous ménager un tête-à-tête avec le duc.

— Impertinent! fit-elle avec bonhomie.

Et, du doigt, elle montra le bûcheron qui s'était assis sur son escabeau et leur tournait le dos.

— J'ai bien envie, murmura tout bas M. de Morangis en se penchant à l'oreille de la comtesse, de prendre ce brave homme pour guide...

— Ah! chevalier...

— Les chemins sont si peu sûrs.

— Vous êtes si brave!

— Flatteuse!

— Et puis, s'il vous arrivait malheur, vous supposeriez qu'il était de connivence avec moi, et qu'il vous a fait tomber dans un piége pour plaire à madame de Pompadour.

— Comtesse, vous êtes impitoyable! et je ne veux point m'exposer plus longtemps à vos railleries. Je pars... seul. C'est là ma vengeance.

La comtesse lui tendit la main.

— Quand donc ferons-nous la paix? dit-elle.

— Hum! murmura le chevalier, j'aurais bien envie de vous répondre *jamais!*

Cependant, si un soir nous nous trouvons ensemble, au souper du roi de France, à Marly, et que la marquise soit trépassée...

— Pourquoi pas au souper du roi d'Angleterre?

— Je n'aime pas les Anglais, et votre prétendant me plaît peu.

— Pourquoi le servez-vous, alors?

— C'est la marquise qui le veut.

— Vous a-t-elle imposé l'obligation de vous battre en lion pendant quinze heures et de ne remettre votre épée au fourreau qu'ébréchée et couverte de sang comme dans notre dernière bataille?

— Peuh! fit le chevalier, il faut bien

tuer le temps. Je ne puis pas voir mes amis se battre, et demeurer les bras croisés... C'est par égoïsme et pour fuir l'ennui que je me conduis ainsi. Adieu, comtesse.

— Mauvaise tête et noble cœur! fit-elle en lui tendant la main.

Michaël, assis sur son baril, paraissait étranger à la conversation, il contemplait la comtesse, admirable d'attitude nonchalante en cet instant : — il l'écoutait parler et ne l'entendait pas.

— Tenez, souffla le chevalier à l'oreille de la comtesse, au lieu de me faire des compliments sur ma bravoure — une chose insignifiante pour quiconque est gentilhomme, tâchez donc de rendre un peu de vie à cette statue. Ce pauvre homme m'intéresse. Vous l'avez changé en pierre.

Et le chevalier fit un pas vers la porte et salua.

— Chevalier, cria la comtesse, vous avez d'importantes nouvelles à porter ; prenez garde de laisser en route accroché à un buisson, le peu de bon sens qui vous reste. Bon voyage, écervelé ! nous nous rejoindrons ce soir à dix heures.

— En compagnie de deux amoureux les plus sages deviennent fous. Adieu, comtesse ; je vais retrouver ma raison.

Et le chevalier sortit, prit son cheval, que le bûcheron avait attaché à un arbre en compagnie de ceux de Michaël et de la comtesse, sauta lestement en selle, et on l'entendit s'éloigner en fredonnant un couplet satirique sur madame de Pompadour, couplet en vogue à la cour de France et qu'on attribuait à M. de Maurepas.

Le chevalier parti, la comtesse s'adressa à Michaël.

— Ah çà ! duc, lui dit-elle, dormez-vous ?

— Non pas, comtesse.

— Avez-vous entendu le chevalier ?

— Que disait-il ?

— Que vous ressembliez à une statue.

— Quelle plaisanterie !

— Il y avait du vrai dans son assertion, et je vous engage à vous éveiller tout de bon.

— Je ne dors pas, comtesse, je vous contemple et vous trouve plus belle que jamais.

— Chut ! fit-elle, désignant le bûcheron placé à l'angle de l'âtre, assis sur son escabeau.

— Il dort, souffla Michaël en souriant.

— Et je voudrais bien l'imiter, duc, murmura la comtesse avec un soupir de lassitude.

— Dormez donc, madame ; je veillerai sur votre repos.

— Veillez surtout sur le baril.

— On ne me l'arracherait qu'avec la vie, comtesse, soyez tranquille.

Et Michaël plaça ses pistolets devant lui à portée de sa main.

La comtesse s'allongea sur le grabat, arrondit son bras autour de sa tête, parut chercher une attitude commode et ne tarda point à fermer les yeux.

Bientôt, au souffle léger de sa respiration, Michaël comprit qu'elle dormait.

— Qu'elle est belle ! murmura-t-il.

Il fut tenté de s'approcher sans bruit et de lui mettre un furtif baiser au front ; mais, presque aussitôt, le bûcheron qui dormait, la tête inclinée sur sa poitrine, s'éveilla et promena un regard hébété autour de lui.

— Ce feu s'éteint, dit-il, je vais chercher du bois.

— Ah ! fit Michaël désappointé.

— Et cette belle dame aurait froid, reprit le bûcheron.

Michaël crut éprouver un frisson lui-même.

— Allez! dit-il, mais faites le moins de bruit possible.

Le bûcheron se leva sur la pointe du pied, passa devant Michaël qui se rangea pour lui faire place, se dirigea vers la porte demeurée ouverte, puis revint brusquement au lit et, ouvrant précipitamment son pourpoint, en tira son pistolet tout armé qu'il éleva à la hauteur de la tempe de la comtesse endormie.

Ce geste avait été si brusque, si rapide, que Michaël attéré essaya vainement de se lever et de pousser un cri. Il demeura pétrifié, ivre d'effroi, muet.

— Çà! mon gentilhomme, dit alors le bûcheron changeant d'attitude et de langage, si vous faites un pas, si vous dites un mot, je presse la détente, et votre maîtresse passe en dormant de vie à trépas.

— Misérable! voulut balbutier Michaël que le vertige de la peur étreignait.

— Ne nous emportons pas, mon gentilhomme, et causons. Si vous êtes raisonnable, je laisserai dormir tranquillement cette belle dame.

— Que voulez-vous? murmura le duc stupéfait.

— C'est long à dire.

— Qui êtes-vous?

— Je suis un lieutenant de dragons, nommé Harry, au service du roi d'Angleterre, et chargé de capturer le prétendant mort ou vif.

Michaël, qui reprenait son sangfroid, allongea instinctivement la main vers ses pistolets.

— Chut! dit Harry l'arrêtant d'un geste, ne jouez donc point ainsi, mon gentilhomme, avec la vie d'une dame aussi noble et aussi belle ; et surtout, croyez-m'en, ne faisons point de bruit ; il ne faut pas troubler inutilement son sommeil.

Michaël retira sa main et regarda Harry.

— Que me voulez-vous donc? lui dit-il.

— Vous avez un drôle de siége mon gentilhomme.

Michaël tressaillit.

— Et c'est mal d'humilier la pauvreté d'un bûcheron qui vous abrite en apportant chez lui votre chaise.

— Que vous importe !

— D'autant que vous avez écrasé de son poids votre cheval depuis Edimbourg. C'est une vaillante bête, je n'en disconviens pas, mais encore la faudrait-il ménager et ne lui point mettre un million en or sur le dos.

Michaël fit un geste de dénégation.

— Tenez-vous donc tranquille, monsieur le duc, dit Harry avec calme; vous ne faites que tressauter et vous démener sur votre million. Songez donc qu'il me suffit, pour envoyer la comtesse *ad patres*, d'appuyer légèrement l'index de la main droite sur la gachette de mon pistolet. Vous voyez que je sais votre nom, monsieur le duc de Valseranges, et celui de madame la comtesse de Lupe. Je sais, en outre, que ce million vient de chez un usurier nommé Aaron Bitter, et qu'il est destiné à soudoyer, pour le compte du prétendant, un clan de montagnards.

— Et, dit froidement Michaël vous voulez me tuer pour avoir ce baril? Tuez-moi donc, monsieur.

— Non pas vous, monsieur le duc: on

sait que vous êtes brave et que vous mourriez sans sourciller, — mais cette dame que vous aimez éperdûment et à qui je vais faire sauter la cervelle sans qu'elle ait le temps de s'éveiller; si d'ici à deux minutes vous n'avez point poussé du pied ce baril jusqu'à moi.

Michaël était pâle et immobile comme une statue; il ressemblait à un homme foudroyé, et il attachait sur Harry le plus morne, le plus atone des regards.

— Allons, monsieur, dit tranquillement Harry, voici déjà une minute d'écoulée, et j'attends!

Et il ajusta le canon du pistolet à deux pouces de la tête de la comtesse.

— Pauvre femme ! murmura-t-il avec compassion, mourir si belle et si jeune encore !

Michaël se leva lentement et poussa le baril en disant ;

— Je suis un lâche et vous me volez mon bonheur ! Prenez cet or et allez-vous-en.

— Pardon, reprit Harry qui ne bougea pas, ce n'est point tout encore, monsieur le duc, et la comtesse est toujours en péril de male mort.

— Mais que voulez-vous donc de plus ?

— Tenez, levez-vous : sur la cheminée vous trouverez du papier et une plume prenez-les. Allons, monsieur, hâtez-vous je suis pressé.

Michaël était révolté, mais son œil était rivé à ce fatal pistolet qui menaçait les jours de la comtesse, et il se leva pour obéir.

— Maintenant, poursuivit Harry, placez le tout sur cette table, et veuillez écrire sous ma dictée.

— Mais, monsieur...

— Pour Dieu ! monsieur le duc, vous avez donc résolu la mort de la comtesse ?

Michaël courba le front, prit la plume et attendit.

A la première phrase de cette lettre

étrange, dont la comtesse avait indiqué la substance, Michaël tressaillit.

— Mais, monsieur, s'écria-t-il avec fureur, je ne puis écrire cela...

— Comme vous voudrez...

Et Harry ajusta de nouveau la tête pâle de la comtesse.

— Mais à quoi bon cettre lettre ?

— Que vous importe ! écrivez

— Mais c'est me déshonorer !

— Qu'importe encore, si la comtesse vit !

— Monsieur, monsieur, murmura Michaël dont le front était baigné de sueur, ce que vous faites est infâme !

— Écrivez, fit impérieusement Harry,

et, comme il faut en finir, je vous jure sur mon brevet de lieutenant que je ferai feu maintenant à la première réticence.

Michaël poussa un soupir, hésita une seconde encore, regarda la comtesse, la trouva plus belle que jamais, et reprit la plume en murmurant :

— Fatalité ! je l'aime.

— Et il écrivit, pâle, haletant, hors de lui, et il signa comme il avait écrit, d'une main tremblante de colère ; et et quand il eut fini, il tendit le papier à Harry.

— Tenez, lui dit-il, je suis un homme déshonoré ! Est-ce tout maintenant ?

— A peu près, duc. Vous n'avez plus qu'une simple formalité à remplir.

— Laquelle ?

— Me donner votre parole que vous ne bougerez pas d'ici avant que la comtesse ne s'éveille et que vous ne l'éveillerez point vous-même. Je ne veux pas que vous me puissiez reprendre ce million, dont je ferai, je vous jure, tout aussi bon usage que le prétendant.

— Je vous la donne, dit Michaël du ton d'un homme aviné.

Harry fit alors entendre un coup de sifflet. Des pas résonnèrent presque aussitôt sur les bruyères, et deux dragons se montrèrent au seuil de la hutte.

— Tenez, mes enfants, leur dit Harry, prenez-moi cette tonne d'ale et allons-nous-en. Bonsoir, duc !

Et Harry s'en alla, laissant Michaël, anéanti et pétrifié, à la place où il venait d'écrire.

Combien dura la prostration où il se trouva dès-lors plongé, quels rêves funestes, quelles sombres visions passèrent devant ses yeux, ce fut ce que le duc ne put jamais dire ; il fallut, pour que le sentiment de la réalité lui revînt, que la comtesse s'éveillât enfin de son long sommeil et se dressât sur son séant en murmurant :

— Dieu ! les vilains rêves !

Michaël se leva alors, et comme si, revenu tout à fait à lui-même, il eût voulu effacer jusqu'à la trace de l'horrible scène qui venait d'avoir lieu et où il avait laissé son honneur, il sauta sur son épée pour se la passer au travers du corps.

La comtesse bondit vers lui et la lui arracha.

— Êtes-vous fou ? s'écria-t-elle, jouant admirablement l'effroi.

— Laissez-moi mourir, madame.

— Mais qu'est-il arrivé? qu'avez-vous ? quel accès de fièvre...

— Je suis déshonoré! s'écria Michaël d'une voix tonnante.

— Déshonoré, vous ? quoi !... qu'est-il arrivé ?

Et elle chercha des yeux le baril, puis recula.

— Volé ! répondit Michaël qui comprit ce regard.

— Volé, le baril ? par qui ? comment ? exclama la comtesse assez maîtresse d'elle-même pour imprimer tour à tour à son accent et à sa voix toutes les nuances de la surprise, de l'effroi et de l'indignation.

Michaël raconta alors d'une voix lente, sombre, accentuée, par le désespoir, la scène qui venait d'avoir lieu ; et quand il eut fini, la duchesse s'écria :

— Pourquoi donc n'avez-vous point laissé ce misérable faire feu ! Eh ! qu'importait ma vie ! qu'importait la vôtre ! ne devions-nous pas mourir tous deux avant que l'or du roi...

— Vous avez raison, murmura Michaël, mais je vous aimais...

— Eh bien ! exclama-t-elle, feignant un profond désespoir, à cheval donc, monsieur, à cheval ! Courons dans toutes les directions, cherchons, interrogeons les bruyères foulées, le sable des sentiers : il faut que nous retrouvions ces misérables ! Vous savez si je me bats comme un homme, au besoin ; — nous aurons le baril, où nous mourrons tous deux.

La comtesse parlait avec une sombre exaltation qui gagna Michaël ; ils s'élancèrent tous deux hors de la hutte et sautèrent en selle, La lune s'était levée ; on voyait, à sa clarté pâle, au loin sous les futaies, les bruyères foulées et couchées, et c'était un indice irrécusable de la direction prise par Harry et ses dragons. Ils s'élancèrent dans ce sentier récemment frayé, — et alors tout ce que l'infernal génie de la comtesse avait prévu se réalisa : ils rencontrèrent de prétendus bûcherons dont les indications les guidèrent, et, au bout d'une heure de galop, ils eurent atteint la base des rochers sur lesquels se dressaient comme des fantômes les murs ruinés de l'abbaye.

— Silence ! dit alors la comtesse en montrant à Michaël les tourbillons de fumée qui s'élevaient du milieu des ruines ; il faut les surprendre et mettre pied à terre.

Michaël obéit à la comtesse, qui lui donnait l'exemple, tous deux gravirent, le pistolet au poing, le petit sentier qui conduisait à travers les rochers jusqu'à la porte principale des ruines à demi masquée par une broussaille, et, lorsqu'ils furent sur le seuil, ils s'arrêtèrent d'un commun et tacite accord et échangèrent un regard.

A vingt pas d'eux, à la place même où jadis était le sanctuaire, Harry et ses deux compagnons étaient accroupis autour d'un feu de broussailles.

Ils chantaient et buvaient de l'ale, insouciants comme des bandits dont la nuit a été bonne, et ils regardaient, de temps à autre, le baril placé au milieu d'eux.

A la vue du baril, Michaël fut entièrement maître de lui. Il ajusta Harry, reconnaissable, malgré la distance, à ses habits de bûcheron, et fit feu.

Harry ne tomba point; il bondit sur ses pieds et s'écria :

— Aux armes ! nous sommes surpris !

Michaël répondit par un second coup de pistolet; Harry ne tomba point encore, mais il poussa un cri d'effroi, fit entendre l'exclamation de *sauve qui peut !* et s'enfuit après avoir lâché au hasard deux balles qui sifflèrent aux oreilles de Michaël.

Ses deux compagnons l'imitèrent, et tous trois disparurent par une brèche qui donnait sur la mer.

Michaël courut à la tonne, la souleva dans ses bras, s'assura qu'elle n'était point vidée et s'écria :

L'honneur est sauf! maintenant je vais poursuivre ces misérables.

— Non pas, dit la comtesse.

— Mais il a cette déclaration qu'il m'a arrachée.

— Qu'importe ! puisque nous avons le million. Il est sage et prudent de le mettre à couvert et de ne point nous attirer par une folle escarmouche toute une compagnie de dragons sur les bras.

Michaël sentit la justesse de cette observation, chargea le baril sur son épaule et reprit le sentier en bas duquel il avait laissé les chevaux.

— Maintenant, dit la comtesse, le mal est réparé ; mais comme vous avez commis, par amour pour moi, une lâcheté insigne, vous allez me donner votre parole de ne jamais raconter à âme qui vive ce qui est advenu.

— Je vous la donne.

— C'est bien, dit-elle, je vous en remercie.

Et, lui tendant son front, elle ajouta :

— Je vous aime !

Michaël frissonna de bonheur et plaça le baril sur sa selle en répétant :

— L'honneur est sauf !

Le chevalier de Morangis, remonté à cheval, s'en alla au trot, en philosophant sur les misères de la vie, sur les petits ennuis inhérents au rôle de valet de chambre disgracié d'un monarque quinteux, morose et ami des cimetières et des fossoyeurs, sur les inconvénients de la naissance qui obligeaient un bon gentilhomme comme lui à bouder perpétuellement une femme de rien comme madame d'Etiolles, marquise de Pompadour, — et sur les tracasseries sans nombre, enfin, qui résultaient pour lui de cette bouderie.

Après une demi-heure à peu près de ces graves réflexions, le chevalier passa involontairement à un autre ordre d'idées :

« — J'ai vingt-huit ans, se dit-il, je m'ennuie comme un homme qui en a soixante ou un roi qui en a quarante-cinq, un roi ayant le privilége de s'ennuyer plus tôt que les autres hommes, — témoin

Louis-XV le Bien-Aimé. D'où provient cet ennui profond, ce mal que les Anglais, qui ont des mots pour tout, ont qualifié de spleen, alors qu'ils auraient pu se contenter d'appeler cela « une maladie de
» haute distinction indispensable à tout
» homme de qualité né en Grande-Bre-
» tagne ? »

» A dix-huit ans, j'étais page, je n'avais pas assez d'heures pour le plaisir, la journée était trop courte. Je me souviens même que souvent, dans l'exercice de mes fonctions, et tandis que le roi s'appuyait sur mon bras, je trouvais le moyen de baiser par-dessus mon épaule la main de mademoiselle de Moissy, sans que Sa Majesté y vît goutte. Les rois ont un bandeau sur les deux yeux.

» A vingt-deux ans, j'étais chevalier de Malte en herbe, j'avais la cape et l'épée et le meilleur caractère du monde. C'était tout mon avoir. Que ne rêvais-je pas? D'abord je devais, avant de prononcer mes derniers vœux, suspendre aux crocs de ma moustache quelques centaines de cœurs de femme, puis enfiler au bout de ma rapière des milliers de capitans-pachas ; — enfin, brûler et couler quelques flottes turques dans le seul but de mériter, un peu plus tard, sur mes vieux jours, la dignité de grand-maître.

» A l'encontre des ambitieux ordinai-

res, qui ne dorment jamais, j'avais un sommeil régulier de neuf heures, de trois du matin à midi. J'étais rose et frais comme une pomme de Normandie ou un abbé, je buvais de l'aï et du chambertin mieux qu'un mousquetaire, et le maréchal de Richelieu me disait parfois : « Dis donc, Morangis, à quelle heure es-tu ambitieux?
— Le matin, répondais-je, en sortant d'une ruelle et en attendant mon déjeûner, je n'ai de libre que ce moment-là... »

» Donc, reprit le chevalier poursuivant son monologue interrompu deux secondes par un soupir déchirant, jusqu'à vingt-deux ans j'ai été le plus pauvre et le plus heureux gentilhomme du monde. Ma demi-douzaine d'oncles évêques ou commandeurs se querellaient entre eux pour me donner à dîner, tant j'étais gai.

» A vingt-deux ans, les soucis commencèrent ; je devins amoureux, amoureux fou de ma cousine, cette blonde marquise de Valseranges qui devait si mal finir. Mon œil se vitra, mon nez s'allongea, ma lèvre se prit à pendre, je devins laid et bête à faire plaisir. J'aurais pu l'épouser : elle était spirituelle, elle était riche, elle m'aimait sans y songer, elle m'adorait malgré elle. Hélas! les romanciers me perdirent... Ils lui tournèrent la tête et lui donnèrent le goût des aventures. Si j'avais été quelque peu bandit, ou simplement affilié à un tribunal secret de la vieille Germanie, ma cousine m'aurait épousé. Je n'étais rien de tout cela, je n'avais aucune vertu de roman ; ce niais tabellion, Hermann Walkenein, arriva pour notre malheur à tous deux ; M. de Crébillon s'en mêla, et nous partîmes pour l'Allemagne.

» J'aurais dû rêver à dix-huit ans, au lieu d'une maîtrise à Malte, le rôle de lieutenant de police, dans l'unique but de faire pendre M. de Crébillon et ses confrères, le jour où ils auraient porté chez le libraire leur premier manuscrit.

» Grâce à ce petit rimeur, j'ai épousé Blümmen, une perle de beauté; la marquise a épousé Michaël, la fleur des pois des héros de roman; nous nous ennuyons tous deux à mourir, et M. de Crébillon vit en paix, et il dîne de bon appétit les jours mêmes où le public siffle ses pièces. C'est désolant!

« Madame de Pompadour, qui a du bon, a jugé spirituel de me distraire, et elle m'a expédié en Ecosse, à la remorque d'un prétendant de mauvaise humeur du peu de succès de ses prétentions, et d'une aventurière italienne qui se permet de me railler, et fait de ce bélître de Michaël une sorte d'esclave noir ou jaune à genoux devant son idole. En vérité, ces femmes brunes de trente ans et plus sont insupportables ! »

Tout le fatras que le chevalier venait de se débiter à lui-même l'avait ramené à son point de départ, à savoir que la comtesse était bien impertinente d'accaparer le mari et le cousin de madame de Valseranges, à la seule fin de replacer sur son trône un roi détrôné et de plaire à la Pompadour, une favorite qui avait grand'peur de perdre sa couronne.

« — Ah çà ! reprit-il, c'est bon pour Michaël, qui est un gros Allemand, de croire aux liens mystérieux qui unissent la comtesse au prétendant, mais un Morangis, élève d'un Richelieu, n'admet point ces billevesées.

» Cette femme a un but... un but bien secret, bien ténébreux, qui lui a fait jouer un rôle singulier à Marly, un plus étrange encore ici, et ce but-là, il faudra que je le devine... Il est impossible que, pour le plaisir de refaire un roi anglais, on dérange à la fois un colonel des Suisses et un premier valet de chambre...

» Je ne crois pas au diable, c'est fâcheux ! le diable est de bon conseil quelquefois... Je serais tenté d'admettre un moment la supposition de Michaël le jour de la chasse du roi : c'est que la comtesse et la Louve ne font qu'un... Il y a là de la différence pourtant, une différence bien grande : la Louve ne savait rien, celle-ci parle toutes les langues de l'Europe, et j'ai vu la lettre du cardinal Fornarini... Mystère! mais, par la mort-Dieu ! je finirai par savoir... »

Comme il achevait ces mots, le chevalier qui n'avait cessé de trotter, la bride d'une main, le pistolet de l'autre, pénétrait dans la clairière au milieu de laquelle était établi le campement du prince Charles-Edouard.

La journée précédente et la nuit qui finissait, car l'aube blanchissait déjà les cimes des arbres et resplendissait au loin, sur la mer, s'étaient écoulées pour le prétendant et ses derniers fidèles dans une anxiété facile à comprendre.

Le moindre bruit éloigné ressemblant au pas d'un cheval, le coup de sifflet, perdu dans le vague, d'un pâtre appelant son chien, les faisaient tressaillir. Ils avaient foi en la promesse de l'Italienne, et cependant cette absence prolongée les inquiétait. Les troupes royales, disséminées en tous sens battaient la campagne et les pouvaient arrêter. Le prétendant avait passé la nuit roulé dans son manteau, près du feu ; il n'avait pas fermé l'œil, prêtant l'oreille sans cesse, et lorsque les pas du cheval de M. de Morangis retentirent sous le couvert, il se leva tout debout et s'élança à la rencontre de ce messager qui paraissait lui apporter quelque nouvelle fatale car il arrivait seul.

— Eh bien ! s'écria-t-il vivement, tandis que ses compagnons entouraient le chevalier, qu'est-il arrivé ? Pourquoi venez-vous seul ? Les ennemis...

— Rassurez-vous, sire, répondit froidement M. de Morangis, qui ne songeait au million, deux secondes auparavant, pas plus qu'au dernier ambassadeur de l'empire du Mogol récemment venu à Paris, le duc et la comtesse sont en sûreté.

— Et... cet or? fit le prince avec cet accent d'égoïsme féroce qui caractérise les hommes à qui la fortune est rebelle.

— L'or est dans la tonne, sire.

— Et la tonne?

— La tonne est sous la sauvegarde du duc, une lourde épée et une pauvre tête, sire, cœur de lièvre et bras de fer, tournure de bandit et abdomen de gentilhomme anglais, sire, répliqua le chevalier, tout plein encore de ses souvenirs de l'Adlers-Nest et de ses réflexions philosophiques.

— Pourquoi donc êtes-vous seul ?

— Palsambleu ! murmura le chevalier, ces gens là sont bien ennuyeux ! ils me cassent la tête avec leurs questions et m'empêchent de réfléchir.

Puis, comme il était courtisan par habitude, il ajouta tout haut avec un agréable sourire :

— Le duc, la comtesse et le million se trouvent à deux lieues d'ici, dans une hutte de charbonnier.

Et il raconta sommairement ce qui était arrivé, l'avis judicieux du dragon aux portes d'Edimbourg, et la sagesse de la comtesse, qui avait jugé prudent d attendre la nuit.

— Encore une journée d'anxiété ! murmura le prétendant.

— Il serait bon pourtant qu'à mon tour je fisse un somme, se dit à part le chevalier en mettant pied à terre et se couchant près du feu. Sire, ajouta-t-il, je suis fort las, j'ai chevauché la nuit entière, et il me faut faire à présent, si vous le trouvez bon, du jour la nuit; c'est comme à Marly. Bonsoir, milords!

M. de Morangis s'encapuchonna dans son manteau, tourna le dos aux assistants et ferma les yeux en grommelant:

— Rêvons cimetières; ce sera toujours plus gai que de causer avec ces gens-là.

Mais il n'eut point le temps de rêver, car soudain le cri : Alerte ! retentit, poussé par le gentilhomme, placé en vedette à cent pas du camp, et l'on entendit sous le couvert le galop d'un cheval ; puis, aux lueurs naissantes du jour, on vit briller à travers les arbres le casque et le pourpoint rouge d'un dragon. Dix mousquets s'abaissèrent dans sa direction, mais nul ne fit feu : on avait aperçu le mouchoir blanc que le dragon portait au bout de son épée en signe de trêve. Il arrivait en parlementaire.

Il portait en outre à la main un pli cacheté à l'adresse du prétendant.

— Je devine, dit amèrement le prince

en brisant le sceau : on m'invite à m'embarquer, on ne veut pas me faire le sort de mon aïeul Charles Ier. Il paraît que je ne mérite pas les honneurs de la hache...

Et il ajouta tout bas, parlant à l'oreille de Douglas :

— C'est une fatalité que la comtesse se soit arrêtée en route ; comment la rejoindre ? où la retrouver ?

Le prétendant jeta les yeux sur la lettre, lut les premières lignes, pâlit et poussa un cri.

— Tout est perdu ! s'écria-t-il.

Il tendit la lettre à Douglas, qui exclama à son tour :

— C'est impossible !

— Lisez, dit le prince.

Le noble lord lut attentivement, d'un bout à l'autre, à haute voix, la lettre du lieutenant Harry, puis la déclaration de Michaël annexée à cette lettre, et un murmure de douleur, de stupéfaction, s'éleva de tous côtés.

Le chevalier arracha la lettre aux mains de Douglas.

— Cela ne se peut, dit-il, c'est absurde et impossible ! je les ai laissés il y a une heure ; et d'ailleurs, le duc se ferait tuer mille fois... C'est un piége !

— Connaissez-vous son écriture ? demanda le prince.

— Oui, répondit le chevalier.

Il examina la déclaration, la signature, pâlit à son tour et murmura :

— Ceci est plus que jamais impossible... et cependant... c'est bien son écriture... son écriture qu'on a si habilement imitée...

— Oh ! quant à cela, dit alors le dragon en souriant, je vous garantis le contraire. J'ai vu écrire le duc et j'ai touché le baril qui contenait le million.

Douglas prit son épée, dont la garde était en forme de croix, il s'approcha du dragon et lui dit :

— Je me nomme Douglas, jamais Ecossais n'osa me mentir en face ; tu es Écossais, je le reconnais à ton accent.

— Oui, milord.

— Eh bien ! sur cette croix, jure-moi que tu as dit vrai et que c'est bien le duc qui a écrit.

— Je le jure, répondit le soldat d'une voix ferme.

— Je deviens fou, murmura M. de Morangis. Si Michaël avait fait pareille chose, il serait le plus lâche des hommes, et cependant je n'en connais pas de plus brave.

— Le duc est un traître ! s'écria-t-on.

Le chevalier porta la main à son épée et repartit avec colère.

— Jusqu'à ce que le duc et la comtesse soient arrivés, jusqu'à ce que vous ayez la preuve matérielle de sa trahison, je défends à qui que ce soit...

Dix épées brillèrent.

— Paix ! messieurs, dit le prétendant avec calme ; le chevalier a raison.

Et il interrogea le dragon. Ce dernier avait sa leçon faite par Harry ; il raconta à peu près tout ce qui s'était passé, avec cette différence que dans son récit ce n'était plus la vie de la comtesse qui avait été menacée, mais bien celle de Michaël.

— Eh bien ! dit alors le prince se tournant vers le chevalier, douterez-vous encore?

— Sire, répondit M. de Morangis, je

les ai laissés tous deux à deux lieues d'ici ; je vais monter à cheval, et si l'on veut me suivre...

— Je vous suivrai, dit Douglas.

Le lord écossais et le gentilhomme de la cour de France sautèrent en selle, trois ou quatre autres les suivirent ; le prétendant demeura, gardant le dragon prisonnier.

Alors celui-ci laissa entendre que Michaël était depuis longtemps gagné à la cause ennemie, et que la déclaration que le prince avait dans les mains n'était qu'une sorte d'excuse de sa trahison.

Le prétendant essayait de douter encore ; le duc lui avait paru si brave, si loyal, si dévoué, que sa trahison devenait chose inexplicable et monstrueuse.

Le chevalier, Douglas et ses compagnons gagnèrent au galop la hutte abandonnée et ne trouvèrent personne ; — alors, sur l'avis du premier, ils se séparèrent en deux bandes, l'une qui se dirigea vers le nord-est, l'autre vers le sud-est.

Celle de M. de Morangis revint la première au campement. Elle n'avait découvert aucune trace de la comtesse et du duc; cependant elle l'avait espéré d'abord et s'était dirigée, sur la foi des bruyères foulées, vers les ruines de l'abbaye, où les débris du festin nocturne d'Harry et de ses dragons lui avaient donné le change.

De leur côté, Michaël et la comtesse, résolus à ne point attendre la nuit pour regagner le campement, s'étaient, par de nombreux détours au bord de la mer, approchés insensiblement, — si bien qu'au moment où le chevalier débouchait dans la clairière par un point, le prétendant et sa suite jetèrent un cri en voyant apparaître à l'extrémité opposée la comtesse et le duc chevauchant côte à côte.

Michaël portait triomphalement le baril sur sa tête, il vint droit au prétendant et lui dit d'une voix calme, enjouée, qui ne trahissait pas la moindre émotion :

— Sire! voilà le million!

— Ah! s'écria le prince, respirant soudain comme un homme à qui l'on décharge la poitrine du poids d'une montagne, ah! duc, quel affreux moment je viens de passer!...

Parmi tous ceux qui entouraient le prince et dont la plupart voyaient d'un œil jaloux la faveur dont il honorait les deux gentilshommes français, la plupart s'étaient empressés d'accuser Michaël : tous, à la vue du baril, sentirent la rougeur de la honte et du remords monter à leur front, et vingt mains furent tendues au duc.

— Que vous est-il donc advenu, sire ? demanda Michaël.

— Tenez, dit le prince, lisez plutôt.

La comtesse était auprès du duc, elle lui dit à l'oreille.

— Souvenez-vous de votre serment, niez tout !

Michaël pâlit en jetant les yeux sur sa déclaration.

— Duc, fit le prince avec chaleur, dites-nous donc que ce misérable a menti...

Et il se tourna vers le dragon.

— Dites-nous que tout cela est le résultat d'une calomnie infâme et d'une fourberie déplorable, dites-nous...

Michaël était pâle, haletant, la sueur perlait à son front, il allait dire peut-être : « Cet homme a raison ; » mais la comtesse lui dit tout bas avec cet accent fascinateur qui troublait si fort Michaël :

— Ne jouez point avec votre honneur, duc, niez !

Les lèvres du duc ne livrèrent passage à aucune parole, il hésitait encore... Sa loyauté reculait devant un mensonge.

— Niez ! souffla la comtesse, niez ! je le veux !

— Cet homme a menti ! s'écria Michaël d'une voix tremblante d'émotion.

On prit cette émotion pour de la fureur, et l'on battit des mains.

Le prétendant se tourna alors vers le dragon.

— Qu'on désarme alors ce misérable, dit-il, et qu'on le pende à un arbre. Quand les parlementaires deviennent des calomniateurs, on les traite en espions.

Le dragon regarda le prince avec calme.

— Sire, dit-il, je maintiens mon dire et je suis prêt à en donner une preuve.

— Une preuve? fit le roi d'un ton méçant.

— Matérielle, sire.

— Voyons, dit le prince, je donne à ce scélérat deux minutes. Ne craignez rien, duc : les paroles des calomniateurs ne pénétrèrent jamais aussi avant dans mon esprit et mon cœur que la voix d'un homme vaillant et loyal comme vous.

— Sire, dit le dragon, demandez donc au duc ce que contient le baril qu'il a sur sa selle.

— Un million en or, répondit la comtesse, qui jusqu'alors avait gardé le silence.

— Parbleu ! dit à son tour le chevalier, j'en suis bien sûr, moi qui ai défoncé le baril à Édimbourg.

— Priez-donc le duc, continua le soldat, de faire ouvrir ce baril.

Michaël sourit dédaigneusement, il éleva le baril dans ses bras, et, comme il était encore à cheval, il le lança de cette hauteur sur le sol, et le baril se creva en tombant.

Alors, à cinq années de distance, se se renouvela la scène étrange qui avait eu lieu sur la plate-forme de la tour des Gerfauts, à deux heures du matin, tandis que brûlait la mêche qui devait faire sauter l'Adlers-Nest. Le cri étrange et sauvage que poussa jadis l'oncle Samuel en brisant la tonne fut poussé par le prétendant, la comtesse, le chevalier et ceux qui les entouraient. Et Michaël demeura pétrifié sur sa selle, sans haleine et sans voix, plus pâle et plus défait encore qu'il n'avait paru le matin à la comtesse, lorsque Harry se fut enfui emportant le baril.

Au lieu du million, le baril ne contenait qu'un amas terne de ferraille et de balles de plomb aplaties !

Au cri de stupéfaction, de douleur, qui avait jailli de toutes les poitrines, succéda un moment de terrible silence, pendant lequel il sembla à Michaël que la terre s'abîmait sous ses pieds et que le ciel descendait sur sa tête pour l'écraser.

— Oh! je fais un mauvais rêve, murmura-t-il enfin.

Nul ne lui répondit, nul, si ce n'est le chevalier, qui s'écria tout à coup :

— J'ai vu l'or, je l'ai touché; il y a un traître ici, le duc ou la comtesse.

Au nom de la comtesse, le prétendant eut un sourire d'incrédulité.

— Autant vaudrait dire, fit-il que je me suis trahi moi-même.

— Un traître! un traître! murmurait Michaël à moitié fou; c'est faux! je ne suis pas un traître!

— Mais tout ceci est affreux, impossible! fit la comtesse jouant l'indignation et la douleur; nous rêvons tout éveillés... allons, duc! expliquez-vous donc!

— Je ne sais pas, dit Michaël, dont la voix accusait un commencement de délire.

— Expliquez-vous, reprit la comtesse avec feu; qu'avez-vous fait dans la chaumière du bûcheron ? Que s'est-il passé tandis que je dormais ?... dites, expliquez-vous ! ne voyez-vous point que votre honneur est en souffrance ?...

— Pendant que vous dormiez... je ne sais pas... je suis fou... balbutia le duc dont les dents claquaient.

Tous les cœurs battaient, la sueur perlait à tous les fronts, une angoisse inexprimable étreignait toutes les poitrines; seul, le dragon souriait et disait :

— Vous voyez bien que je n'ai point menti.

L'arrivée d'un nouveau personnage mit fin à cette scène poignante.

Douglas arrivait au galop, poussant, l'épée dans les reins, un homme vêtu en paysan, qui paraissait se débattre et résister.

Le chevalier poussa un cri.

— Le bûcheron ! dit-il.

— Oui, le bûcheron, répéta la comtesse, le bûcheron que je n'ai plus retrouvé à mon réveil.

— Le bûcheron, dit le dragon avec un sourire, n'est autre que mon capitaine; et M. le duc de Valseranges le connaîparfaitement. Il vous expliquera le mystère.

— Ah! s'écria le prétendant, nous allons donc savoir, enfin !

— Mort-Dieu ! murmura en même temps le chevalier, je commence à avoir peur... la comtesse est bien calme !

A la vue du faux bûcheron, Michaël tressaillit comme un homme qui sort d'un rêve pénible ; une lueur de sang-froid lui revint, il voulut pousser son cheval sur lui et le sommer de donner enfin la clé, le fil d'Ariane de ce mystère, où chacun se perdait.

La comtesse saisit ce retour à la raison, elle comprit que le moment était venu pour elle d'agir et de paralyser Michaël assez pour qu'il ne pût se disculper, et, comptant à bon droit sur l'empire absolu qu'elle possédait sur lui, elle lui dit tout bas :

— Je commence à être de l'avis du dragon, vous me paraissez être un lâche et un traître, et je crois que vous m'avez trompée aussi.

Michaël s'arrêta foudroyé... Elle doutait de lui !

— Sire, cria Douglas, voici un bûcheron à mine suspecte que j'ai arrêté ne trouvant autre chose.

— Je ne suis pas un bûcheron, répondit Harry ; je suis lieutenant de dragons au service du roi d'Angleterre.

Puis, apercevant Michaël, il feignit la surprise, recula et lui fit un signe d'intelligence qui signifiait : « ne craignez rien, je me tairai... » Et ce signe fut surpris par tous, excepté par celui auquel il s'adressait.

Maître Harry jouait son rôle en comédien consommé.

Un éclair de colère passa dans les yeux du prétendant; ce signe avait confirmé ses soupçons. Il prit Harry par le bras et lui dit vivement avec un accent d'autorité suprême:

— Connaissez-vous cet homme?

Et il lui désignait le duc.

— Non, répondit Harry avec calme.

— Tu ments! s'écria le chevalier, tu ments misérable!

— Vous mentez! dit à son tour la comtesse, car vous êtes bien ce bûcheron qui nous a reçu dans sa hutte, qui était assis au coin du feu lorsque je me suis endormie, et que j'ai vainement cherché à mon réveil.

Harry fit un geste qui signifiait : « Je ne parlerai pas! »

— Sire, dit la comtesse avec feu, moi aussi je commence à deviner d'étranges choses, et à croire que le duc... Oh! tenez, je voudrais qu'on m'expliquât ce sommeil étrange, pesant, qui s'est emparé de moi tout à coup dans la chaumière... Sire, faites parler cet homme, il faut qu'il parle à tout prix... et puis, moi aussi, je parlerai!

Les paroles de la comtesse achevaient de compliquer l'intrigue au lieu de l'éclaircir.

Le prétendant se tourna vers ses gentilshommes.

— Messieurs, dit-il, je suis désolé de vous voir faire l'office de bourreau, mais il vous faut pendre cet homme sur l'heure, s'il ne consent à parler.

— Je ne dirai rien, murmura Harry, je ne veux pas déshonorer le duc.

Ces mots étaient terribles; ils achevè-

rent de faire perdre la tête au malheu-
reux Michaël.

On passa une corde au cou d'Harry, on jeta un bout de cette corde par-dessus la branche d'un chêne, et le prince dit :

— Hissez !

— Arrêtez ! s'écria Harry ; je dirai tout.

— Enfin, murmura-t-on.

— Je connais cet homme, dit Harry : c'est le duc de Valseranges.

— Où l'avez-vous vu pour la première fois ?

— A Edimbourg, hier, à la tombée de la nuit, au moment où il en sortait.

— Le dragon ! exclama le chevalier.

— Oui, dit Harry ; je me suis approché

de lui pour savoir en quel lieu je trouverais le million.

— C'est faux! s'écria M. de Morangis; vous l'avez engagé à s'arrêter en route.

— Non pas, dit Harry; c'est ce qu'il vous a répondu peut-être, mais la vérité est que nous avions, lui et moi, rendez-vous à cette porte d'Edimbourg.

— Un rendez-vous! exclama le chevalier, mais dans quel but et comment cela peut-il être, puisque vous le voyiez pour la première fois?

— Mon Dieu! dit ingénûment Harry, je ne suis qu'un pauvre soldat, docile instrument dans la main de ses chefs, et il m'en coûte de perdre un homme aussi haut placé dans le monde que l'est le duc de Valseranges.

— Voyons, parlez, fit le prétendant avec une impérieuse impatience, parlez, ou l'on va hisser.

— Le duc, reprit Harry d'une voix ferme, voyant votre cause perdue, sire, sachant qu'il est disgrâcié en France, et voulant se rattraper à une corde quelconque, a écrit, hier matin, au gouverneur d'Edimbourg.

— C'est faux ! dit la comtesse ; nous ne nous sommes pas quittés.

— Je le jurerais, ajouta le chevalier.

— N'avez-vous point dormi, madame? demanda froidement le traître Harry.

— Oui, en effet, quelques minutes à peine.

— Moi aussi, murmura le chevalier attéré.

— Ces quelques minutes ont suffi au duc pour lui permettre d'écrire un billet au gouverneur d'Edimbourg. Ce billet, que l'hôtelier a porté, était ainsi conçu :

« Voulez-vous échanger le brevet de lieutenant-général que je sollicite du roi d'Angleterre contre le dernier espoir du prétendant ? Le prince Charles-Edouard possède un dernier million sur lequel il compte pour lever une dernière armée ; si vous acceptez mon offre, envoyez-moi un homme sûr à la tombée de la nuit, vers la porte du sud ; je lui donnerai mes instructions. »

— Oh! s'écria enfin Michaël abîmé jusque-là en une postration profonde, ceci est faux ! c'est infâme !

— Silence! lui dit le prétendant avec un dédain glacé.

Puis, s'adressant à Harry :

— Continuez, monsieur.

— Le duc m'a indiqué la hutte d'un bûcheron dans la forêt. Je me suis rendu au galop à cette hutte, j'en ai expulsé le propriétaire et j'ai pris ses habits. Le duc est arrivé avec madame et le gentilhomme. Je leur ai servi de l'ale. Le verre de la comtesse contenait une pincée de poudre de pavots. Après avoir bu, elle s'endormit.

— Ah! dit la comtesse, je m'explique donc enfin pourquoi j'ai dormi si longtemps.

— Nous en avions besoin, répliqua Harry. Alors, voici ce qui s'est passé. Le duc a défoncé le baril et m'a dit : « Prenez cet or, enfouissez-le ou faites-le emporter par vos dragons dans les sacoches de leurs selles. — Pourquoi lui ai-je demandé, ne pas les laisser dans le baril? — Parce que, m'a-t-il répondu, il faut sauver les apparences. » Je ne comprenais pas très bien. Le duc a repris : « Vous allez emporter également le baril; vous l'emplirez de vieux clous, de balles et de ferraille, puis vous vous arrêterez dans les ruines de l'abbaye... »

— Ah! interrompit la comtesse, je comprends enfin, je comprends tout, et, à mon tour, je vais tout expliquer.

— Parlez donc, madame, s'écria le prince, parlez !

— Sire, reprit la comtesse quand le murmure d'étonnement et de curiosité qu'avaient excité ses paroles fut apaisé, lorsque je me suis éveillée, j'ai aperçu le duc qui manifestait un grand désespoir et qui m'a dit aussitôt : « On m'a volé le baril ; ce bûcheron était un dragon anglais : il a appuyé un pistolet sur votre front, me menaçant de vous tuer si je ne lui abandonnais pas l'or du roi... Alors, j'ai cédé, et puis, non content de cela, il m'a fait écrire... » — Oh! cet homme, exclama la comtesse, il a un talent exquis de comédien ; il est monté à cheval avec moi, et nous avons couru ventre à terre jusqu'aux ruines de l'abbaye ; là se trouvaient cet officier et deux de ses dragons entourant le baril. Le duc, qui tue un chevreuil à cent pas d'un coup de carabine, a fait feu deux fois sur les dragons, dont aucun n'est tombé et qui ont pris aussitôt la fuite... Comprenez-vous, sire? tout cela était arrangé et préparé d'avance.

Michaël, anéanti, ne répondait pas; il

n'avait plus la force de se défendre. Tout pirouettait autour de lui, et il murmurait en se frappant le front :

— Oh ! quel rêve ! quel rêve !

— Mais alors, dit le prétendant, cette déclaration, pourquoi l'a-t-il écrite ?

— Pourquoi ? répondit Harry. Pour donner un semblant d'excuse à sa trahison, car il ne pouvait supposer que l'intention du gouverneur d'Edimbourg fût de vous la faire parvenir.

Pendant cette explication, le chevalier s'était assis sur un tronc d'arbre ; il croyait, lui aussi, faire un rêve affreux.

Le prétendant dit alors à Harry :

— Allez-vous-en, monsieur, vous êtes libre.

— Sire, répondit le dragon, vous le voyez, la fortune vous trahit; un navire est en vue des côtes, montez à cheval, gagnez la baie la plus proche, faites des signaux, ce navire enverra sa chaloupe à terre et vous prendra, vous et votre suite. Il en a l'ordre.

— Merci, monsieur, répondit sèchement Charles-Edouard.

Puis il se tourna vers Michaël.

— Duc, lui-dit, il est une loi martiale qui punit de mort les traîtres; mon droit serait de vous faire fusiller sur-le-champ; mais vous n'êtes point mon sujet, vous êtes Français ; que dis-je ! vous n'appartenez pas même à cette noble nation, et le seul, l'unique châtiment que je trouve à la hauteur de votre infamie, c'est le mépris universel. Allez cacher vos remords en quelque coin ignoré de la terre ; vous êtes un misérable !

Michaël retrouva un dernier éclair de fierté ; son œil brillait de colère, il porta la main à son épée en s'écriant :

— Sire, vous m'insultez !

Mais soudain la comtesse s'approcha, fit siffler sa cravache et l'en frappa au visage en lui disant :

— Vous êtes un lâche !

Michaël parut atteint d'un coup mortel; il poussa un cri terrible et tomba inerte de sa selle sur le sol. La cravache de la comtesse, en le touchant au visage, l'avait frappé au cœur.

— Messieurs, dit Charles-Édouard à ses gentilshommes, laissons ce misérable vivre ou mourir, peu nous importe! Et nous, acheva-t-il avec un soupir désespéré, partons! Dieu me refuse le royaume de mes pères, et le dernier Stuart doit mourir dans l'exil. Venez, comtesse.

— Sire, répondit la comtesse avec mélancolie, j'ai tué cet homme, il râle, il va mourir... Laissez-moi réparer ce meurtre en récitant, agenouillée près de lui, les prières des agonisans... je vous rejoindrai bientôt.

Elle fit comme elle avait dit, et, mettant pied à terre, elle s'agenouilla, et prit dans ses mains la tête pâle de Michaël évanoui.

— Noble femme! murmura le prince en sautant en selle. — Monsieur de Morangis, m'accompagnez-vous?

— Tout cela est bien étrange! grommelait le chevalier abasourdi. Cette femme est un démon... elle lui a jeté quelque maléfice. — Si cela continue, je finirai par croire au diable.....

— Ma foi! ajouta-t-il avec sa philosophie habituelle, je trouve une belle occacasion de revoir la France... tant pis! je retourne à Marly... Après tout ce Michaël était un niais qui m'avait volé ma cousine... Dieu est juste!

Et le chevalier mit le pied à l'étrier.

Maître Harry était un bien audacieux coquin, et son assurance était merveilleuse. Il avait échafaudé avec le plus grand sangfroid du monde un tissu de calomnies, un pêle-mêle de mensonges dans lequel le gouverneur d'Edimbourg était mêlé à son insu. Du haut des ruines de l'abbaye, il avait aperçu en mer un navire qui courait des bordées au large, et il avait dit au prétendant que ce navire avait pour mission de le prendre à son bord et de le ramener en France. La vérité est que maître Harry n'en savait absolument rien, et la preuve en était que ce navire avait hissé le pavillon hollandais qui était celui de sa nation, et qu'il ressemblait fort de coque et de voilure à un honnête brick de commerce faisant la contrebande sur les côtes d'Écosse. Par un étrange effet du hasard, lorsque le prétendant et ses gentilshommes atteignirent la baie indiquée par Harry, et avant qu'ils eussent fait aucun signal, le brick hollandais mit une embarcation à la mer.

Cette embarcation frappa les regards de Charles-Édouard et de sa suite. Elle était montée par quatre matelots qui nageaient vigoureusement vers la terre. A l'avant, debout, on apercevait une femme vêtue de noir dont l'attitude décelait une impatience anxieuse.

Cette femme excita au plus haut point la curiosité de tous, pricipalement celle du chevalier. Aux rayons du soleil levant, et malgré la distance, il était aisé de reconnaître, à la coupe des vêtements, une dame de qualité; et peu après, lorsque la chaloupe ne fut plus qu'à une faible distance, M. de Morangis laissa échapper une exclamation de surprise douloureuse.

— La duchesse ! murmura-t-il.

C'était en effet madame de Valseranges à qui Wilhem, une heure avant sa fin tragique, avait révélé le nom du lieu où était Michaël, et qui accourait l'arracher à la Louve.

Au nom de la duchesse, un muet étonnement s'empara du prétendant et de ses gentilshommes ; — c'était par une fatalité étrange que cette femme arrivait au moment même où son mari venait de voir s'écrouler son honneur.

Au moment où la duchesse posait le pied sur la terre d'Écosse, le prince et sa suite se découvrirent respectueusement; on la salua jusqu'à terre, et nul ne lui adressa la parole.

Seul, le chevalier courut à elle et lui prit les mains.

— Mon Dieu! s'écria-t-elle, mon Dieu! qu'est-il donc arrivé, et où est-il, où est Michaël?

Le chevalier secoua la tête comme un homme qui craint de répondre, tant sa réponse causera de douleur à ceux qui l'attendent.

— Oh! cette femme l'aura tué! fit-elle avec désespoir.

— Cette femme? Pourquoi? demanda M. de Morangis.

— Mais vous ne savez donc pas qui elle est? exclama-t-elle avec l'accent du délire. C'est la Louve, chevalier, c'est la Louve !

Le chevalier poussa un cri, porta les mains à son front, parut l'étreindre quelques minutes comme s'il eût voulu rassembler de lointains souvenirs épars çà et là dans les nuages du passé, et puis tout à coup il s'écria :

— Je devine tout maintenant, le duc est innocent!

A ce cri, à l'accent de vérité de cette voix, le prince, les gentilshommes tressaillirent, on se regarda avec stupéfaction; le chevalier continua :

— Savez-vous quelle est cette femme, sire ? cette femme que vous nommez la comtesse de Lupe? cette femme en qui vous croyez? Eh bien! c'est l'ancienne maîtresse du duc, la femme qu'il a délaissée, la femme qui a voulu se venger.

On voulut douter; le prince se récria.

— Vous doutez? Eh bien! venez avec moi, venez tous! Oh! je savais bien que Michaël n'était point, ne pouvait être coupable; je le savais!

Et le chevalier prit madame de Valseranges dans ses bras, la plaça sur sa selle, devant lui, enfonça l'éperon aux flancs de son cheval, et se dirigea vers le lieu où il avait laissé Michaël et la comtesse, croyant d'abord que le prince le suivait. Mais le prétendant, après avoir hésité, voyant le navire au large, la chaloupe amarrée au rivage, trouva que ce n'était vraiment pas la peine de perdre un temps précieux à revenir sur ses pas pour si peu de chose, — la réhabilitation d'un homme qui avait risqué vingt fois sa vie pour lui, — et il mit le pied dans la barque en disant :

— Qui m'aime me suive !

La comtesse, le dragon et le lieutenant Harry étaient demeurés seuls auprès de Michaël évanoui, tandis que le prétendant et sa suite gagnaient la baie.

— Par le diable ! dit alors Harry en se tournant vers l'Italienne, vous conviendrez, madame, que je n'ai pas volé le baril !

— C'est bien, dit la comtesse, vous êtes payé, allez-vous-en !

— Pardon, je ne suis pas payé en entier... Et mes vingt-cinq mille livres ?

— C'est juste, et je tiens ma parole. Tenez...

La comtesse détacha de son bras un énorme bracelet enrichi de pierreries et qui valait, pour le moins, le double de la somme promise, et elle le jeta dédaigneusement à Harry.

— Maintenant, dit-elle, je n'ai plus besoin de vous. Partez !

— Si je pouvais être bon encore à

quelque chose, dit insolemment maître Harry, et que madame la comtesse voulût bien m'employer...

— Inutile! allez-vous-en!

Et son geste fut si impérieux, que les deux dragons tournèrent les talons et s'éloignèrent; mais elle les rappela presque aussitôt.

Harry revint, son chapeau à la main, respectueux comme un homme qui s'incline devant la puissance de l'or.

— Connaissez-vous au bord de la mer, lui dit-elle, une grotte à fleur d'eau que la mer envahisse à l'heure du reflux?

Harry secoua la tête, mais le dragon répondit :

— Il y en a une ici près ; quand j'étais enfant et pêcheur comme mon père, j'y ai pénétré bien souvent.

— Et quand montera la mer ?

— Dans une heure au plus tard.

— C'est bien, prenez cet homme sur vos épaules et conduisez-moi.

Elle désignait Michaël.

Le dragon le prit dans ses bras et ouvrit la marche, abandonnant son cheval et ceux de Michaël et de la comtesse à Harry, qui demeura dans la clarière.

La grotte, dont le dragon avait parlé, s'ouvrait en bas des falaises, et n'était accessible que par le galet humide que la mer couvrait chaque jour pour le laisser à découvert ensuite.

Au reflux, la mer l'envahissait tout entière, et plus d'un pêcheur imprudent y avait trouvé la mort. Sur un signe de la comtesse, le dragon déposa Michaël sur une couche d'algues que la dernière marée avait entassée dans la grotte.

— Partez! lui dit alors la comtesse.

— Mais vous? fit-il avec étonnement.

— Moi, je reste ici.

— N'y restez pas longtemps, madame...

— Peu vous importe!

— La marée va venir.

— Je ne vous demande point de conseils; partez!

Le dragon s'inclina et s'en alla en murmurant :

— Cette femme est un monstre où une folle.

Demeurée seule auprès de Michaël, la comtesse détacha de son cou un flacon de sels qu'elle lui fit respirer, et presque aussitôt il poussa un soupir.

Puis elle appuya ses lèvres brûlantes sur les siennes, et alors, comme s'il eût été arraché à sa léthargie par une violente sensation, Michaël ouvrit les yeux et promena un regard égaré autour de lui.

— Vous! exclama-t-il apercevant la comtesse assise auprès de lui souriante et mélancolique et lui tenant les deux mains.

Et dans ce seul mot l'étonnement et la joie, l'épouvante et la douleur se fondirent.

— Oui, moi, dit-elle de cette voix douce et grave à la fois qui acquérait un charme infini au gré de cette femme étrange; moi toujours et partout, Michaël...

— Mais j'ai donc fait un rêve, un rêve affreux, impossible, monstrueux! s'écria-t-il.

— Qu'avez-vous rêvé, mon pauvre Michaël?

Il regarda autour de lui, examina les

parois de la grotte, écouta le clapotement lointain de la mer, et murmura :

— Oui, ce doit être un rêve, car je ne me reconnais pas, ce n'est point ici... il y avait de grands arbres...

— Mais enfin, dit-elle avec un charmant sourire, qu'avez-vous donc rêvé ?

Il mit ses deux mains sur son front, essayant de rassembler ses souvenirs.

— J'ai rêvé, dit-il enfin, car je dois avoir rêvé, puisque vous êtes là, — j'ai rêvé que vous m'aviez appelé lâche et m'aviez frappé au visage...

La comtesse se tut. Michaël la regarda, frissonna et porta la main à sa figure. Le coup de cravache avait tracé un sillon bleu qui s'était gonflé aussitôt... Sa main rencontrant ce sillon, il éprouva une sorte de douleur cuisante, et soudain, bondissant sur ses pieds, il attacha sur l'Italienne un œil hagard, s'écriant :

— Je n'ai donc point rêvé ?

La comtesse baissa les yeux ; son silence était l'aveu le plus complet et le plus cruel.

— Non, reprit Michaël avec une sorte de fureur douloureuse, non, je n'ai pas rêvé, et vous m'avez frappé !... Vous m'avez frappé, vous que j'aimais, vous pour qui j'aurais donné ma vie, vous à qui j'avais sacrifié mon honneur...

Ces derniers mots déchirèrent le voile

qui obscurcissait la mémoire du duc ; il se souvint de tout : l'étrange scène du baril, les murmures qui avaient grondé autour de lui, les calomnies d'Harry, les paroles injurieuses du prétendant, tout cela se représenta à son esprit, nettement, dans ses plus horribles détails, tout, jusqu'à ce coup de cravache qui l'avait atteint au cœur en lui cinglant le visage...

— Oh ! s'écria-t-il, je suis déshonoré !

La comtesse se taisait toujours. Il lui saisit violemment le bras et poursuivit :

— Mais dites-moi donc, madame, expliquez-moi donc tout cela ! Que s'est-il passé ? Pourquoi suis-je ici ? et qu'ai-je donc fait à cet homme, qu'il m'ait ainsi calomnié? et de quel droit ce prince, pour qui j'ai versé mon sang?... Oh! ma tête se perd... c'est à nier Dieu et sa justice!

— Michaël, dit alors la comtesse, — et sa voix était grave, presque solennelle, — ne niez donc pas la justice de Dieu. Dieu venge les innocents et punit les coupables.

— Mais je le suis innocent, moi, madame! Mais vous savez bien que je n'ai jamais été un traître et que je ne puis l'être... Et puis, d'ailleurs, fit-il amèrement, après m'avoir frappé au visage, pourquoi donc êtes-vous ici?

— Sans doute, répondit-elle avec doucœur, parce que je crois à cette innocence dont vous protestez...

— Vous m'avez frappé cependant...

— N'ai-je pu vous croire un moment coupable?

— Ah! dit-il d'une voix brisée, être déshonoré aux yeux de la terre entière n'est point un supplice auprès de celui auquel vous condamne le mépris et le doute de la femme que l'on aimait...

— Et... cette femme...

Elle lui prit tendrement la main.

— Si cette femme demandait son pardon...

Un nuage passa sur les yeux et la pensée de Michaël; il chancela deux secondes, et puis, tout à coup, il la prit dans ses bras et s'écria avec l'accent du délire et de la folie :

— Oh! je l'aime.. je l'aime... merci !

La comtesse se dégagea presque aussitôt de cette étreinte, recula d'un pas, regarda Michaël en face et lui dit :

— Me reconnaissez-vous ?

Cette brusque question fit tressaillir Michaël et calma son exaltation. Il leva sur elle un œil étonné.

— Oh! oui, je vous reconnais murmura-t-il, je ne rêve plus : vous êtes la femme que j'aime d'un ardent amour... cette femme qui m'apparut un soir, au milieu des folies d'un souper du roi, dans tout le rayonnement de sa splendide beauté, que je revis ensuite, par une nuit de désespoir, dans un sombre cachot de la Bastille dont la porte s'ouvrit devant elle... la femme enfin que depuis...

— Ce n'est point cela, interrompit froidement la comtesse. Regardez-moi bien, Michaël.

Le duc recula à son tour.

— Que voulez-vous dire, madame ?

La comtesse ne répondit point; elle arracha les bracelets, elle jeta les bagues, les joyaux dont elle était couverte; elle dénoua sa chevelure, dont les boucles ruisselantes innondèrent ses épaules et l'enveloppèrent bientôt tout entière, et puis, changeant de pose et de manières, elle prit cette attitude sauvage et hardie que la rugueuse maîtresse de Michaël avait à la tour des Gerfauts, et elle s'écria :

— Me reconnais-tu maintenant ?

Michaël recula encore, il recula cette fois comme si une apparition eût surgi devant lui, comme si l'ombre d'une morte, soulevant la pierre de sa tombe, se fût dressée tout à coup, et il s'appuya, défaillant, aux parois de la grotte.

— La Louve murmura-t-il.

— Oui, répondit-elle, oui, mon Michaël adoré, la Louve qui t'aimait que tu foulas aux pieds et qui t'aimait toujours.

Et sa voix était caressante et douce comme l'haleine tiède de ces vents d'été qui soufflent aux bords des mers méridionales.

Michaël jeta un cri et courut à elle.

— C'est donc toi, s'écria-t-il, toi que j'aimai si longtemps, toi que je crus retrouver d'abord... toi dont le souvenir... Oh! que tu sois la comtesse ou la Louve, qu'importe! je t'aime...

Il l'enlaça dans ses bras et voulut la couvrir de baisers, elle se dégagea encore.

— Je te dois bien mon histoire, dit-elle, et il faut que tu saches...

— Je ne veux rien savoir murmura-t-il dans son délire.

Il avait tout oublié : le prétendant, les calomnies d'Harry, tout jusqu'à la France, sa seconde patrie. Il ne se souvenait plus que de l'Adlers-Nest et de la tour, de sa verte jeunesse, de son premier amour.

— Et moi, dit-elle, changeant soudain de ton et d'attitude, moi, je veux que tu saches tout.

Et, à son tour elle le prit violemment par le bras, le fit asseoir sur la couche d'algues et lui dit :

— Tu m'écouteras, il le faut!

Michaël baissa les yeux et se prit à trembler. On eût dit que cette fascination qu'il exerçait jadis sur sa maîtresse, il la subissait à son tour, et qu'elle le dominait entièrement comme il la domina autrefois.

— Il faut que tu m'écoutes, reprit-elle, et que tu sois mon esclave aujourd'hui, comme je fus le tien autrefois. Ah! Michaël, les rôles sont changés, et je suis plus forte que toi!

— Que me voulez-vous donc? demanda-t-il; venez-vous me reprocher mon abandon?

Elle eut un éclat de rire d'hyène.

— Attendez donc, dit-elle, attendez, monsieur le duc de Valseranges; monsieur le colonel des Suisses; attendez ! Avant de vous dire ce que je veux, laissez-moi vous raconter comment je devins ce que je suis.

Elle s'approcha de l'orifice de la grotte, contempla au loin la mer qui montait insensiblement, puis, revint à Michaël, dompté et haletant sous son regard :

— Te souviens-tu Michaël, du soir où, pauvre enfant vagabonde et sans pain, je vins demander asile à la tour ? Te souviens-tu de notre enfance et puis de notre jeunesse ? As-tu oublié déjà comment, entraînée fatalement vers toi, je t'aimai? Ah! je t'aimais bien, Michaël, je t'aimais ardemment comme mon maître et mon fils à la fois ; je me penchais sur ton sommeil comme une mère inquiète; je me couchais à tes pieds comme un chien soumis; j'aurais été capable, sur un signe de toi, de toutes les vertus et de tous les crimes. Un jour pourtant, une femme vint à la tour, tu la vis à peine, tu l'aimas soudain, et, dans ton égoïsme et ton orgueil, tu ne craignis point de me ravaler, moi ta maîtresse, jusqu'au rôle de servante, en m'ordonnant d'obéir à cette femme. Dès-lors, quand j'implorai un regard de toi, tu me repoussas comme tu n'avais jamais repoussé tes chiens. Lorsque je bravai la mort et courus à l'Adlers-Nest pour te sauver, tu me repoussas encore. Et enfin, Michaël, après que cette femme fut devenue la tienne, en sortant de la chapelle nuptiale tu passas triomphant et dédaigneux devant moi, sans m'adresser un mot, sans me jeter un regard de compassion.

Michaël laissa échapper un gémissement, et puis il voulut fuir. Elle le cloua au sol de son geste impérieux.

— Oh! la femme belle et dédaignée, dit la Louve avec une froide ironie, la femme qui aime et qu'on foule aux pieds, la femme qu'on délaisse, qu'elle soit paysanne ou comtesse, Michaël, devient forte ou terrible entre toutes, et rien désormais ne lui est impossible. Lorsque vous fûtes partis, toi et cette femme, le chevalier et Blümmen, nous nous regardâmes tous trois, moi, Conradin et Wilhem. Wilhem aimait la marquise, Conradin aimait Blümmen, moi je te haïssais, car je t'avais trop aimé... Un atroce besoin de vengeance entra dans nos cœurs: nous avions soif de briser votre bonheur à tous, nous à qui vous aviez tout enlevé. Mais pour se venger, vois-tu, Michaël, il ne faut plus songer aux coups de poignard et aux balles qui tuent sans faire souffrir; pour se venger bien et rudement, il est nécessaire de changer d'armes et de visage. Nous nous jurâmes, eux qu'ils posséderaient ces deux femmes qui les avaient dédaignés, moi que j'aurais à la fois ton amour et ton honneur. Il me fallait l'un et l'autre. Nous allâmes à Vienne d'abord, en Italie ensuite. Wilhem et Conradin étaient ignorants, ils fréquentèrent les académies, les écoles ; ils étaient riches, ils devinrent des gentilshommes accomplis. J'étais pauvre, moi, mais j'étais belle! Oh! quant une femme l'est autant que moi, elle rencontre toujours sur sa route un homme qui change en un clin-d'œil les haillons qui la couvrent en

étoffes de soie et de velours, et la charge
de pierreries. A Rome, il y avait un vieillard usé avant l'âge, blasé sur tout, riche
comme un souverain oriental. Ce vieillard s'agenouilla devant moi un jour et
me dit : « Prenez-moi tout et aimez-
moi. » Il m'emmena avec lui, il me
traîna à sa suite dans tous les coins de
l'univers, il m'afficha honteusement...
Qu'importe ! je voulais me venger ! Avec
lui j'appris tout : la Louve disparut, la
comtesse naquit. Langues mortes et vi-
vantes, belles manières, façons aristo-
cratiques et dédaigneuses, j'acquis tout
avec lui, je possédais tout au bout de
cinq ans. Un jour, cet homme mourut ;

sa mort me fit plus riche que ce baron Sigismond dont vous partageâtes les dépouilles à l'Adlers-Nest. Une courtisane vulgaire aurait oublié Michaël, éblouie par une fortune pareille : moi je l'employai tout entière à me venger. Nous nous retrouvâmes, Conradin, Wilhem et moi ; nous étions forts tous trois ; nous avions acquis, eux cette élégance, ce don de fascination qui ouvre le cœur des femmes, moi cette puissance de grâce et de beauté à laquelle les hommes de ta trempe ne résistent point. Tandis que nous réunissions nos forces, le hasard jeta sur mes pas ce prince pour lequel tu as si témérairement joué ta vie vingt fois.

Il était pauvre, j'étais riche; je lui parlai tout bas d'une parenté mystérieuse ; pour qu'il acceptât mon or je lui conseillai cette nouvelle tentative dans laquelle je savais bien qu'il échouerait...

La Louve s'interrompit et se prit à rire.

— Mais je voulais me venger! dit-elle.

Puis elle poursuivit avec son accent implacable :

— Tu sais ce que j'ai fait à Paris. Je t'assure qu'il fallait avoir au cœur une soif inextinguible de vengeance pour renoncer à ce trône de la Pompadour où je pouvais si bien m'asseoir, dans le seul but d'enlever un homme à Versailles, de l'amener ici, d'y préparer une lente et terrible comédie comme celle que nous venons de jouer...

La Louve s'arrêta ; Michaël jeta un cri.

— Je devine tout, murmura-t-il.

— Ah ! tu devines ? tu devines que cet homme qui t'a calomnié a agi par mon ordre et que je l'ai payé ; merci de ta perspicacité, Michaël, merci ! Oui, c'est moi qui ai inventé cette combinaison machiavélique du baril plein d'or et du baril empli de ferraille, c'est moi qui t'ai enveloppé dans un tissu d'infamie où ton honneur est resté, moi qui ai juré ta mort; et tu vas mourir!

La Louve retourna à l'orifice et poussa un cri de joie : la mer montait toujours, elle avait atteint le pied des falaises.

— Où sommes-nous donc? s'écria Michaël, qui parvint une minute à secouer le charme fatal dont l'avaient enveloppé l'accent dominateur et le regard étincelant de sa terrible maîtresse.

— Dans une grotte, répondit-elle, où les vagues de l'Océan vont faire notre tombeau à tous deux.

A ces mots, elle le repoussa dans le fond de la grotte en lui disant avec dédain :

— Tu as bien eu le courage de survivre à ton déshonneur et de ne point te passer ton épée au travers du corps ; en manquerais-tu pour mourir avec moi ? Car moi aussi je veux mourir, Michaël, je suis lasse de la vie ; ma vie n'avait qu'un but ; ce but est atteint, je n'ai plus rien à faire en ce monde, et je veux que nos deux agonies se confondent en un baiser.

Elle l'entoura de ses bras, et Michaël, alors, frissonnant de tous ses membres, murmura avec un enthousiasme furieux :

— Eh bien ! soit, mourons ensemble : tu me hais et je t'aime, et la mort ne m'épouvante point... Louve ou comtesse, femme ou démon, je t'aime ainsi !

En ce moment, le flot atteignit l'orifice, et une ondée d'écume vint mouiller leurs pieds.

— Et ta femme ? lui dit alors Louve, sais-tu où elle est ?

Michaël tressaillit, la repoussa avec horreur et fixa sur elle un œil éperdu.

— Ta femme est au pouvoir de Wilhem, du marquis della Strada qui a de si beaux cheveux blonds, et que tu croyais mon amant... Elle l'aime, ils sont heureux ! c'est la peine du talion.

Michaël rugit de colère.

Ces derniers mots de la comtesse brisèrent le charme sous lequel il haletait depuis une heure.

— Tu es un monstre, s'écria-t-il.

Il tira son épée et la leva sur elle; elle eut un ricanement d'hyène.

— C'est parfaitement inutile, dit-elle; à quoi bon me tuer, puisque nous allons mourir ?

— Mais je ne veux pas mourir, moi, s'écria-t-il, je ne le veux pas... je veux la sauver !

— L'homme propose et Dieu dispose, répondit-elle. Regarde !

Et comme elle achevait ces mots, une nouvelle vague entra dans la grotte et couvrit d'écume les pieds de Michaël.

— Et Blümmen aime Conradin, ajouta la Louve en riant. Tu vois que tout vient à point à qui sait attendre; c'était l'avis de l'oncle Samuel qui n'est point mort, comme tu pourrais le croire, et qui se nomme aujourd'hui Aaron Bitter, un honnête israélite d'Edimbourg qui m'a prêté le million... tu sais ?

En ce moment un flot entra encore et battit sourdement les parois; mais avec lui une lointaine exclamation venant de la terre arriva à Michaël, et il reconnut la voix du chevalier de Morangis.

— Arrière ! s'écria-t-il essayant de repousser la Louve, qui s'était placée à l'orifice de la grotte.

— Je ne veux pas ! fit-elle, attachant sur lui un regard si empli de mystérieuse fascination, qu'il recula involontairement, tandis que son épée échappait à sa main.

— Michaël! Michaël ! cria du dehors une voix éloignée, celle du chevalier ; Michaël, où es-tu ?

— Michaël ! répéta une autre voix haletante et brisée, que Michaël reconnut et qui le fit bondir...

C'était celle de la duchesse.

— Ma femme! murmura-t-il, ma femme! laissez-moi passer...

Il ramassa son épée de nouveau, il la

leva sur la Louve ; elle lui répondit par un ricanement.

— Trop tard ! dit-elle, elle vient trop tard, cette blonde et rose duchesse, beaucoup trop tard, duc.

— Damnation ! murmura Michaël ; arrière, monstre !...

— Fais donc tes prières, Michaël, répondit-elle avec un sourire glacé : nous n'avons plus dix minutes à vivre !

En effet, le flot entra avec furie, et les souleva tous les deux.

La Louve l'enlaça une fois encore avec l'agile souplesse d'un serpent :

— Je veux mourir dans tes bras, mon Michaël adoré, murmura-t-elle.

Elle lui donna un baiser, ce baiser le brûla une dernière fois, il oublia tout ; il n'entendit plus rien, ni le clapotement sourd de la mer, ni la voix du chevalier et de sa femme qui accouraient sur les falaises, guidés par le dragon qu'ils avaient rencontré; il crut aimer encore et plus ardemment que jamais son bourreau, et il lui murmura avec l'accent de la folie :

— Je t'aime... je t'aime... et ne veux pas mourir.

Elle se cramponna à lui pour paralyser ses mouvements; il fit un effort surhumain, et, bien qu'il eût déjà de l'eau jusqu'à la ceinture, il se précipita hors de la grotte, la tenant dans ses bras, et il se trouva alors en pleine mer, nageant d'une main, la soutenant de l'autre.

— Oh! le beau lit nuptial que la vague! ricana-t-elle. Nous allons mourir gaîment, puisque tu m'aimes.

— Je ne veux pas mourir! je ne veux pas! vivons; je t'aimerai; murmura-t-il.

— Tiens, dit-elle, ta femme arrive; la voilà! elle te verra mourir...

Et tandis que Michaël levait vers les falaises un regard égaré et apercevait le chevalier et la duchesse accourant au galop, la Louve prit à sa ceinture un poignard et l'en frappa.

Puis elle ajouta avec un ricanement :

— Je suis bien vengée, moi !

A ces mots, elle abandonna Michaël et se laissa couler sous le flot rougi de son sang, où bientôt il la rejoignit...

La Louve mourait satisfaite : Michaël allait partager sa tombe.

Mais, avant de disparaître et quoique mortellement atteint, le duc de Valseranges avait eu le temps de lever une dernière fois les yeux vers les falaises ; il avait vu la duchesse agenouillée et priant, et il put, au moment où la vague l'entraînait, lui crier d'une voix étranglée par le râle :

— Pardonnez-moi !

ÉPILOGUE

ÉPILOGUE

— Dis donc, chevalier ?

— Sire...

— Quel temps fait-il aujourd'hui ?

— Sire, il pleut.

— Tant pis ! la pluie m'endort, et si mon peuple le savait, il se trouverait quelque philosophe, comme M. de Voltaire, par exemple, qui trouverait bon de s'écrier : « Voyez donc ! les rois sommeillent tandis que leurs peuples gémissent! » Ils sont très amusants, les philosophes...

— Votre Majesté veut rire ; je les trouve ennuyeux à périr.

— C'était ce que je voulais dire, la langue m'a tourné. A propos, que faisons-nous aujourd'hui ?

— Votre Majesté chasse.

— C'est monotone ; et puis ?

— Elle recevra à midi monseigneur le duc de Berri.

— Qui désorganise mes pendules. Ensuite ?

— Et ses ministres.

— Qui font de mes finances ce que

Berri fait de mes pendules. Après ?

— Votre Majesté soupe chez la comtesse Dubarry.

— Ah! dit le roi se rassérénant un peu, c'est moins ennuyant, cela. Je te demande pardon, Morangis, d'avoir oublié si bien l'emploi de ma journée ; mais j'ai eu le cauchemar cette nuit : je me suis figuré qu'on m'enterrait tout vivant au cimetière de Choisy, et ce rêve m'a fait perdre la mémoire.

Et le roi, qui venait d'ouvrir les yeux, s'étira paresseusement et puisa dans sa boîte d'or quelques grains de tabac jaune, dont il saupoudra son jabot.

Ce roi-là, on le devine, c'était Louis XV,

auprès duquel le chevalier de Morangis avait repris ses fonctions de premier valet de chambre.

Deux ans s'étaient écoulés depuis la mort de Michaël et de Blümmen. Madame de Pompadour s'en était allée dans l'autre monde un jour de pluie, ce qui avait fait dire à Louis XV que cette pauvre marquise sortait par un fort vilain temps. La duchesse de Valseranges achevait son deuil loin de la cour, et le chevalier, rentré en grâce, avait fait quelques concessions à la nouvelle favorite, qui le trouvait charmant et le lui avait prouvé, disaient les Choiseul et autres langues envenimées de Versailles.

Le roi était à peu près aussi mélancolique, aussi funèbre que du temps de la marquise ; il causait toujours cimetières et funérailles avec une rêveuse volupté ; mais il avait de bons moments parfois, et M. de Morangis avouait qu'il était d'une gaîté parfaite sitôt qu'il était question des philosophes en général et de M. de Voltaire en particulier.

Quand le roi voulait s'amuser à tout prix, il médisait des philosophes ; puis, par une pente insensible, il en arrivait aux poètes. Aux yeux de Sa Majesté, un philosophe était un écu de six livres dont un poète constituait la menue monnaie.

Si par hasard le roi, s'éveillant de méchante humeur, oubliait philosophes et poètes, le chevalier trouvait le moyen de glisser dans la conversation une phrase à peu près pareille à celle-ci :

« Il vient de paraître un bien pauvre livre de M. de Voltaire. »

Dès-lors, le roi était gai pendant trois heures.

Mais ce jour-là, le chevalier n'eut aucun besoin de préparer le roi à un accès de bonne humeur ; le roi, de lui-même, s'en prit au Dictionnaire philosophique de M. Arouet, puis à ses tragédies, et enfin à ses romans.

Tout à coup, et tandis que Sa Majesté s'habillait à l'aide de son valet de chambre, elle se frappa le front comme un homme peu habitué à trouver des idées et qui vient d'en rencontrer une.

— Dis donc, Morangis? fit-elle.

— Votre Majesté...

— Sais-tu que du train où vont messieurs les philosophes, les poètereaux, mon royaume sera bientôt une vaste académie, et qu'il n'y aura plus que moi qui ne ferai point des livres, des tragédies ou des pamphlets?

— Et votre serviteur, sire. Il restera deux hommes d'esprit en France. C'est peu... mais suffisant.

— Tu te trompes, chevalier : il n'en restera qu'un.

— Votre Majesté me soupçonnerait-elle ? fit le chevalier indigné.

— Non pas toi, mais moi.

Le chevalier recula.

— Puisque tout le monde écrit chez moi, dit le roi avec calme, pourquoi n'écrirais-je pas ?

— Ah ! sire...

— Tu vas me dire que je ne saurais pas... Erreur ! Je veux faire un roman.

— Votre Majesté est gaie aujourd'hui.

— Du tout ; je parle sérieusement.

— Ah ! soupira le chevalier, M. de Voltaire et M. de Crébillon ont bien mérité une bonne corde neuve, sire, car ils tournent la tête...

— À tout le monde et même à moi, veux-tu dire ; soit. Mais il y a mieux, tu m'aideras.

Le chevalier ne put réprimer un mouvement de sainte indignation.

— Cela se voit très souvent, poursuivit flegmatiquement Louis XV : deux poètes s'attèlent à la même plume pour écrire un gros livre souvent plein de sottises. Cela s'appelle, je crois, une collaboration ; c'est un mot tiré du latin. Je le tiens de la pauvre marquise de Pompadour, qui le savait. Tu seras mon collaborateur, chevalier.

— Mais, sire...

— Attends donc, je veux faire un roman avec ton histoire.

— La mienne ?

— Pourquoi pas ? Elle prête singulièrement à la narration, ton histoire, et celle de ta cousine la duchesse, la veuve de mon bélître de colonel des Suisses.

Le chevalier soupira.

— Ne parlons pas de cela, sire, cela m'attriste.

— Diable !

— Vous oubliez que ma femme...

— Bon ! n'es-tu point consolé encore ?

— Heu ! heu !

— D'ordinaire, mon pauvre Morangis, quand on pleure sa femme, la douleur suit le cours du deuil. Le deuil, tu le sais, se porte en noir d'abord, puis en violet, — une couleur épiscopale, s'il te plaît, et les prélats sont roses et frais, — en lilas enfin. La douleur passe par ces trois nuances.

Le chevalier sourit.

— Or, continua le roi, le lilas fleurit au printemps, la saison des roses : tu es à la fin du lilas...

— Croyez-vous, sire? demanda ingénûment le chevalier.

— Si je le crois ! tu soupes à ravir...

— Qu'importe !

— Ma foi ! il me vient une seconde idée.

— Vraiment! fit impertinemment le chevalier.

— Laissons un moment la première. Celle-ci est meilleure.

— Je le crois sans peine, sire.

— Chevalier, tu me manques de respect. N'importe! il pleut, la pluie tourne la tête à tout le monde. Écoute mon idée.

— Je suis tout oreilles, sire.

— Je veux te marier, Morangis.

— Moi? Ah! sire...

— Eh! oui...

— Sire, la première idée de Votre Majesté valait mieux : faisons le roman. Me marier! ah! assez pour une fois...

— Bah! Tu pleures ta femme...

— Sous le lilas, sire.

— J'y tiens, reprit le roi, j'y tiens beaucoup, chevalier, ne serait-ce que pour arrêter les médisances des Choiseul... Tu ne sais pas qu'on prétend...

— Que prétend-on, sire?

— Que tu fais de la politique avec madame Dubarry.

— Ah! sire...

— Tu sens bien que je n'en crois pas un mot, mais enfin... Il ne faut pas donner prise à Choiseul et à sa bande. Tu te marieras, chevalier.

— Décidément, sire, votre première

idée, à y réfléchir, est réellement très bonne...

— Peuh ! fit le roi.

— Elle me plaît, sire...

— Eh bien ! nous y reviendrons ! Sais-tu que M. de Crébillon mérite la hart, chevalier ?

— C'est assez mon avis, sire.

— Et sans lui et ses romans, tu aurais certainement épousé ta cousine.

On le voit, M. de Morangis avait conté son histoire au roi, un soir de pluie, dans ses plus minutieux détails ; et le roi, que les choses tristes amusaient, en avait ri comme un fou.

— Tu l'aimais, n'est-ce pas ?

— Un peu.

— Elle était fort belle, ta cousine; elle l'est encore, je crois.

— Elle rajeunit, ricana le chevalier.

— Quel âge a-t-elle ?

— Je ne sais pas au juste, mon âge à peu près. Je me crois plus jeune cependant.

— Alors elle a vingt-neuf ans. Je dis vingt-neuf ans, parce qu'une femme n'a jamais trente ans. Elle préférerait qu'on lui en donnât trente-et-un plutôt que trente. C'est une manie. Et t'aimait-elle un peu, elle ?

— Ma foi ! dit le chevalier, je n'en ai

jamais rien su, sire; je l'ai cru d'abord, puis je me suis aperçu que je me trompais... et les déceptions de ce genre sont dures.

— Bah !

— Cependant, ajouta le chevalier avec une certaine fatuité, je suis convaincu qu'elle a éprouvé de sérieux regrets.

— De ne t'avoir point épousé ?

— Oui, sire.

— Pauvre naïve femme ! exclama le roi en riant.

— Elle était romanesque, sire, ah ! quel fléau !

— Et... est-elle guérie ?

— Oh! je l'espère. La leçon a été bonne.

— Et tu crois qu'elle a eu des regrets?...

— Dame! fit le chevalier, après tout il y avait bien de quoi, sire...

— Fat! Reste à savoir si elle en a encore...

Le chevalier tressaillit et attacha un œil clair et rusé sur le roi; il commençait à comprendre.

— Aimait-elle son mari, ta cousine?

— Certes, oui, sire; il était bellâtre, ce bélître.

— Piètre jeu de mots, chevalier. Décidément, je réfléchirai avant de faire un livre avec toi. Tu manques d'esprit. L'a-t-elle pleuré beaucoup?

— Suffisamment, sire.

— Le pleure-t-elle encore?

— Elle porte son deuil en lilas.

— Et elle donne des bals chez elle depuis l'hiver, acheva le roi en riant. Allons, chevalier, mon ami, je crois que l'heure est venue.

— Quelle heure, sire?

— Celle d'épouser ta cousine, mon bel ami.

Le chevalier demeura pensif un moment, et puis il répondit résolûment au roi :

— C'est impossible, sire.

— Et pourquoi cela, monsieur?

— Parce que la duchesse m'a refusé une fois, et que je ne m'expose pas deux fois à une déconvenue.

— Tarare! murmura joyeusement Louis XV, il ne faut pas de fierté avec les femmes. Elles vous savent toujours gré d'une petite lâcheté, elles ne pardonnent jamais un nuage de bouderie. Tu épouseras ta cousine.

— Ma foi! sire, c'est grand dommage de vous désobéir, mais, si vous le voulez ainsi, vous chargez-vous donc d'arranger les choses? Je ne m'en mêle pas.

— Soit, j'irai la voir.

— Et puis, poursuivit malicieusement

le chevalier, si vous voulez que ce mariage ait l'ombre du sens commun, sire, faites-moi donc duc...

— Duc! fit le roi abasourdi de la demande du chevalier.

— Dame! sire, elle est duchesse; pour qu'elle consente à épouser un simple chevalier, il faut que ce chevalier fasse peau neuve.

— Duc! répétait le roi; tudieu! monsieur...

— Et quand il serait un peu pair, sire, où serait le mal?

— Duc et pair! Ventre saint-gris! comme disait le Béarnais mon aïeul, tu déraisonnes, Morangis.

— Ah ! mon Dieu ! c'est bien possible, sire ; mais à qui la faute ? Votre Majesté me fait tourner la tête en me proposant d'abord de faire un livre, et puis de me marier.

— C'est juste, j'ai tort ; tu seras duc.

— Et pair ?

— Nous verrons.

— Mot vague, murmura le chevalier ; mot de poète et de philosophe. On voit bien que Votre Majesté songe à faire des livres.

— Tu seras pair, dit le roi ; es-tu content ?

— A peu près, sire.

— Que te faut-il encore ?

— Votre Majesté a-t-elle bonne mémoire ?

— Oui, je me souviens t'avoir prêté hier à mon jeu cent pistoles ; rends-les-moi.

Le chevalier frappa piteusement sur ses goussets vides.

— Puisque Votre Majesté se souvient si bien, il est impossible qu'elle ait oublié certaine circonstance... oh ! cela remonte à bien loin... à deux ans... à ma disgrâce.

— Bah ! t'ai-je jamais disgrâcié ?

— Hum ! murmura le chevalier, Votre Majesté est charmante pour moi, elle oublie mes torts. Cependant elle doit se rappeler m'avoir dit alors : « Dis donc, chevalier, il y a longtemps que tu n'es allé dans tes terres. » Ce qui fit que je répondis à Votre Majesté que je n'en avais plus.

— Tu m'as dit cela? dit le roi qui sentait arriver le quart d'heure de Rabelais. Diable! je l'avais parfaitement oublié.

— Puis-je le rappeler à Votre Majesté?

— Mon bel ami, dit le roi d'un ton dégagé, je suis pauvre et la France est ruinée.

— Hélas! soupira le chevalier, c'est ce que je me suis dit souvent en assistant aux superbes fêtes de la comtesse.

Le front du roi se rembrunit.

— Chevalier, murmura-t-il, je vais te donner un conseil : entre l'arbre et l'écorce, il ne faut jamais placer le doigt.

— Vous avez bien raison, sire... Cependant, un jour où l'on dansait chez madame Dubarry, à Luciennes, je n'avais rien à faire, les femmes me boudaient; je me mis à établir des calculs.

— Ah! fit le roi.

— Je calculai ce que coûtait la fête; j'obtins le chiffre de deux cent mille livres, et, songeant que la comtesse en donnait deux pareilles chaque semaine, j'additionnai le tout : total, un million six cent mille livres par mois.

— C'est exact, chevalier; après?

— Je songeai encore alors, sire, que la comtesse renoncerait bien certainement très volontiers à donner des fêtes pendant un mois, à la condition d'être *présentée*.

— Chevalier... chevalier... murmura le roi qui commençait à se fâcher.

— Un peu de patience, sire. Mais les duchesses-pairesses sont roides, mal-apprises, elles tiennent à contrarier la comtesse, alors qu'elles lui pourraient être agréables en la présentant.

A cette dernière phrase du chevalier, l'ombre de mauvaise humeur qu'avait manifestée le roi disparut et il sourit d'un air fin.

— Juif! murmura-t-il, tu veux me

vendre les complaisances de ta femme future.

— Donnant, donnant, répondit le chevalier avec flegme. Figurez-vous, sire, que j'ai à côté de ma dernière bicoque, en Guïenne, un voisin fort riche, un fermier-général qui possède une terre superbe.

— Et elle est à vendre, n'est-ce pas ?

— Précisément, sire.

— Tu prieras la comtesse de s'en occuper. Ceci ne me regarde plus.

Le chevalier s'inclina.

— Votre Majesté parle d'or, dit-il. Maintenant je ne vois plus d'inconvénient à épouser ma cousine, si toutefois vous lui voulez parler, sire.

Le roi sembla réfléchir.

— Il pleut, dit-il, je ne chasserai point ce matin. Pleut-il beaucoup ?

— Mais non, sire.

— Où est ta cousine ?

— Dans son petit castel de Bougival, à une lieue d'ici.

— Si nous l'allions voir ?

— Voici une troisième et bien bonne idée. Votre Majesté a plus d'esprit que ce faquin de Voltaire.

— Mon pauvre Morangis, murmura le roi d'un air bonhomme, tu me fais là un mesquin compliment... les courtisans s'en vont! Demande un carrosse fermé, sans armoiries, et une escorte de deux Suisses ; c'est suffisant. Nous irons voir la duchesse incognito, comme des bourgeois de Paris.

Une heure après, le roi et son valet de chambre arrivaient à la grille du petit castel où la duchesse achevait son deuil.

— Sire, dit alors le chevalier, je vous ai dit que j'étais très fier ; je ne veux pas me présenter sans certitude. Je vous nomme mon ambassadeur.

— C'est le monde renversé ! répondit le roi en riant. Quel drôle heureux que ce chevalier !

Et tandis que M. de Morangis demeurait au fond du carosse, le roi, sa canne à la main, franchit la grille tout seul et se prit à arpenter d'un pas alerte et guilleret une grande allée de tilleuls qui conduisait au perron.

A mi-chemin, il rencontra la duchesse se promenant rêveuse et toute seule.

Elle avait bien pleuré son mari, à coup sûr, la belle duchesse ; mais, en dépit de ses larmes, ses joues étaient demeurées roses et blanches, ses lèvres d'un carmin irréprochable, son œil pétillant et limpide, sa taille aussi élégante, aussi frêle que jadis. Le sourire était venu creuser de petites fossettes aux coins de sa jolie bouche ; elle se laissait ajuster complaisamment par ses camérières, et, tout en portant ses vêtements lilas, elle ne pouvait s'empêcher de songer que le rose va délicieusement aux femmes blondes.

Le roi remarqua tout cela d'un coup d'œil; il en augura bien et salua comme eut pu le faire son vieux favori Richelieu.

— Bonjour, duchesse, lui dit-il de sa voix la plus avenante, — car nous pouvons en convenir, malgré certains historiens qui se sont rués d'une façon acharnée sur la mémoire de ce pauvre roi, Louis XV était le plus courtois des monarques et celui qui tenait le moins à l'étiquette.

— Le roi ? fit la duchesse étonnée, le roi chez moi... tout seul... Ah ! sire, quel honneur.

— Ma belle amie, dit le roi lui baisant galamment la main, la royauté s'évanouit au seuil de la beauté, et vous n'avez plus devant vous que le plus fervent de vos admirateurs.

— Oh ! oh ! pensa madame de Valseranges, le roi s'imaginerait-il qu'une veuve un peu duchesse vaudrait mieux que mam'selle Poisson ?

— Prenez donc mon bras, duchesse : je viens vous demander l'hospitalité.

— Ah ! sire, que vous êtes bon ! dit-elle en appuyant sur l'avant-bras du monarque le bout de ses doigts rosés.

— Figurez-vous qu'on me chasse de Marly, duchesse.

— Quelle plaisanterie, sire !

— Du tout ; l'étiquette veut que je chasse aujourd'hui, et il pleut.

— Il pleuvait, sire.

— Soit. La chasse m'ennuie. Je me réfugie donc chez vous ; et ceci tombe à merveille, car je vous garde rancune depuis longtemps, duchesse. C'est une occasion de faire notre paix.

— Ai-je déplu à Votre Majesté ?

— On ne vous voit plus, duchesse...

— Sire, je suis veuve !...

— Peuh ! depuis longtemps.

— Je suis en deuil.

— Votre deuil va finir.

— Hélas ! quand il est dans le cœur...

— Bon ! une phrase de poète ; lisez-vous toujours des romans, duchesse ?

— Dieu m'en garde ! sire ; je tiens M. de Crébillon pour le plus coupable des hommes.

— Vous avez bien raison, duchesse ; tenez, Morangis est de votre avis.

— Ah ! se console-t-il... un peu ! demanda-t-elle avec une infernale coquetterie.

— Comme vous, duchesse.

— Mais, sire... je ne me console nullement.

— C'est précisément ce que je voulais dire : il est inconsolable.

La duchesse allongea doucement sa lèvre inférieure, prit une adorable mine dédaigneuse et murmura du bout des dents :

— Voici qui m'étonne fort, sire.

— Cela est cependant : il est inconsolable d'avoir lu M. de Crébillon.

— Ceci m'étonne plus encore, sire...

— J'ai essayé de le distraire, de le

guérir même... C'est mon ancien page, je l'aime fort.

— Quel remède avez-vous employé, sire...

— Des remèdes excellents. Peine inutile !

— Mais, encore ?

— Je l'ai fait duc.

La duchesse ouvrit de grands yeux.

— En vérité ! et il n'est pas guéri ?

— Nullement. Je l'ai fait pair...

— Ah ! cette fois, le remède est infaillible.

— Du tout.

— Juste ciel ! que lui faut-il donc ?

— Je ne sais. Le veuvage l'ennuie, je crois. A propos, ne devait-il pas... vous épouser... jadis ?

— Il y a si longtemps !

— Et ne l'aimiez-vous pas... un peu ?

— Oh ! si peu...

— Était-ce avant que vous ayez lu les romans de M. de Crébillon ?

— Je le crois, sire.

— Maudits romans ! Eh bien ! si nous les brûlions...

— C'est fait.

— Vous en souvenez-vous ?

— Presque pas.

— Oubliez-les donc, duchesse, oubliez-les tout à fait.

— Mais, sire...

— Je crois que voilà le remède, le seul efficace.

La duchesse rougit, elle baissa les yeux.

— Savez-vous, sire, dit-elle, que ceci donne grandement à réfléchir ? Le chevalier est léger...

— Le duc, voulez-vous dire ?

— Il est frivole, inconstant...

— Il sera grave : un pair doit l'être...

— Sire, vous avez un talent de persuasion...

— Bravo! dit gaîment le roi. — Hé! Morangis! cria-t-il en se tournant vers la grille où le carrosse attendait.

En deux bonds, le chevalier fut aux pieds de sa belle cousine.

Elle lui tendit sa main blanche qu'il baisa, et le roi dit en souriant :

— Je crains que M. de Crébillon ne fasse un nouveau roman. Pour éviter les malheurs qui s'en pourraient suivre, je suis d'avis d'informer sur l'heure mon aumônier qu'il y a messe nuptiale demain à Marly.

— Palsambleu! se dit le chevalier, le roi m'a fait duc, pair, riche et heureux en deux heures ; il est raisonnable que je fasse à mon tour quelque chose pour lui : je vais lui faire un compliment en ayant l'air de prendre au sérieux ses prétentions d'écrivain.—Sire, dit-il tout haut, quand nous mettons-nous à notre roman ? J'ai creusé votre idée tandis que j'étais seul dans le carrosse, et je la trouve lumineuse; ce pleutre de Voltaire en séchera sur plante à Ferney.

— Il est déjà bien assez sec, maître

Arquel, répondit le roi. Mon pauvre ami, qu'est-il besoin maintenant d'écrire ton histoire? Je viens de faire le dénoûment.

La duchesse envoya un charmant sourire à son cousin et lui tendit de nouveau sa main à baiser.

— Nous aurions dû commencer par là, lui dit-elle.

FIN.

Fontainebleau. — Imp. de E. Jacqnin.

EN VENTE

LE COMTE DE SALLENAUVE
par H. DE BALZAC.

LES LIBERTINS
par EUGÈNE DE MIRECOURT, auteur des CONFESSIONS DE MARION DELORME.

BLANCHE DE SAVENIÈRES
par MOLÉ-GENTILHOMME, auteur de ROQUEVERT L'ARQUEBUSIER, etc., etc.

LE CHASSEUR D'HOMMES
par EMMANUEL GONZALÈS, auteur de l'HEURE DU BERGER, etc., etc.

LA DERNIÈRE FLEUR D'UNE COURONNE
par madame la Comtesse DASH.

LE GUETTEUR DE CORDOUAN
Par PAUL FOUCHER.

RIGOBERT LE RAPIN
par CHARLES DESLYS, auteur de MADEMOISELLE BOUILLABAISSE, la MÈRE RAINETTE, etc., etc.

Paris. — Imprimerie de GUSTAVE GRATIOT, rue Mazarine, 30.

www.ingramcontent.com/pod-product-compliance
Lightning Source LLC
Chambersburg PA
CBHW050259170426
43202CB00011B/1746